Ulrike Blucha, Meggi Schuler

Gefühle verstehen, Gemeinschaft erleben

Ökotopia Verlag, Aachen

Impressum

Autoren Ulrike Blucha, Meggi Schuler
Illustrationen Elisabeth Lottermoser
Fotos Ulrike Blucha, Meggi Schuler
Lektorat Kathrin Marl
Covergestaltung PERCEPTO mediengestaltung
Layout & Satz designmeetsmotion.com, Katharina Hoffmann
Notensatz Michael Rische
Druck Drukarnia Dimograf Sp.z o.o. Polen

ISBN 978-3-86702-614-7

Bleiben Sie in Kontakt

www.oekotopia-verlag.de

Inhaltsverzeichnis

Vorwort

Emotionale Kompetenzen sind die Basis für ein soziales Miteinander. Grundlage dafür ist ein adäquater Umgang mit den eigenen Gefühlen und eine sichere Bindung zu unseren Bezugspersonen. Sie und andere Vorbilder vermitteln uns Werte, wie z. B. Wertschätzung, Empathie, Ehrlichkeit, Kongruenz etc., die uns und unseren Charakter unser ganzes Leben hindurch prägen.

Vermehrt ist im Kita-Alltag zu beobachten, dass den Kindern ihre eigenen Gefühle oft im Wege stehen, z. B. durch unterdrückte oder unkontrollierte Emotionen, Unverständnis von Bezugspersonen, fehlende Vorbilder oder vorschnelle Bewertungen ihres Verhaltens.

Mit diesem Buch möchten wir mehr Verständnis für die kindliche Gefühlswelt wecken und Impulse und Hilfestellungen geben, wie Emotionen im Alltag thematisiert werden können. Kinder zeigen ihre Gefühle oft eindeutiger als Erwachsene. Entscheidend ist: Jedes Gefühl ist wichtig und hat seine Berechtigung. Daher sind wir gefordert, Kindern eine Rückmeldung zu ihrem Verhalten zu geben, ohne die Emotionen des Kindes zu bewerten.

Der Umgang mit den eigenen Gefühlen und den damit verbundenen Reaktionen ist ein Lernprozess, den wir in der Kita begleiten, um dann durch spielerische Angebote die sozialen Kompetenzen der Kinder zu stärken.

Die Kita ist ein Ort, an dem viele verschiedene Kulturen und Charaktere aufeinander treffen. Dies kann eine Bereicherung sein, aber auch eine große Herausforderung darstellen, da viele unterschiedliche moralische und ethische Werte miteinfließen.

In jeder Familie, Kita-Gruppe und in anderen Gemeinschaften entstehen Konflikte. Um diese gewaltfrei lösen zu können, benötigen Kinder uns Erwachsene als Vorbilder. Durch Spiegeln von Gefühlen, durch Aufgreifen von unterschiedlichen Blickwinkeln können wir helfen, Kindern unterschiedliche Kommunikationsstrategien zu vermitteln und sie anregen, diese auszuprobieren, um sensibel für die Bedürfnisse anderer zu werden.

Emotionale und soziale Kompetenzen sind eine zentrale Voraussetzuung für eine gelungene Teilhabe an unserer Gesellschaft. Aus diesem Grund ist die Förderung dieser Kompetenzen bereits in der Kita von sehr großer Bedeutung.

Ulrike Blucha und Meggi Schuler

> *Alle Empfindungen, Gedanken und Gefühle sind kostbare Anteile unseres Wesens. In ihrem Ausdruck erkennen wir die Vielfalt unserer Eigenart und unseres Lebens. Auch nur eine davon zu leugnen wäre fatal. Deshalb sollten wir sie nie bewerten, sondern als Teil von uns achten.*
>
> Gabriele Ende
> (deutsche Lyrikerin und Autorin)

Vielfalt der Gefühle

In der Literatur finden sich unterschiedliche Definitionen zum Begriff „Gefühle". Eine wichtige Erklärung liefert der portugiesische Neurowissenschaftler António Damásio. Er unterscheidet in *primäre* und *sekundäre Gefühle*.

Primäre Gefühle sind angeboren und mit der dafür typischen Mimik gekoppelt. Dazu gehören Angst, Freude, Wut, Trauer, Überraschung und Ekel. Diese Gefühle sind offenbar bei allen Menschen sehr ähnlich. Sie bilden die Voraussetzung dafür, sich überhaupt miteinander verständigen zu können.

Gefühle haben eine Bewertungsfunktion, mit der wir alle Situationen, Personen und Gegenstände mit sogenannten „emotionalen Markern" (Damásio 2004, S. 227 ff.) versehen. Diese Marker sind für unsere Entscheidungsfindung enorm wichtig.

Sekundäre Gefühle entwickeln sich, wenn Erfahrungen, Prägungen durch das Elternhaus bzw. das soziale Umfeld oder Traditionen hinzukommen. So erlebt jeder z. B. nicht nur Freude, sondern auch Schadenfreude. Eine Mischung aus Wut und Ekel wird zur Abneigung oder sogar zum Hass auf alles Fremde oder Andersartige.

Gefühle können nie losgelöst vom körperlichen Teil des Menschen bewertet werden. Es gibt keinen Maßstab oder keine Definition von „normal" oder „nicht normal". Jedes Gefühl hat seine Berechtigung. Einzig der Umgang mit dem Gefühl kann für die Person selbst oder für die Mitmenschen zum Problem werden (vgl. Damásio 2004).

In der Fachliteratur werden Gefühle und Emotionen oft unterschiedlich beschrieben. Emotionen werden dabei als Ergebnis von Gefühlen und dem Zusammenspiel der Gedanken, eigener und fremder Erwartungen, Wünschen und Vorstellungen dargestellt. Die Bedeutung von Emotionen für unser aller Zusammenleben ist immens.

Ich-Karten

Alter: ab 3 Jahren
Material: weiße Blanko-Karteikarten im DIN-A6-Format (Postkartenformat), Permanentmarker, Stadtplan, Landkarte, Kopierer, Schere, Digitalkamera, Farbdrucker, Buntstifte, Klebstoff, Klebefilm

Das Team legt fest, welche Bereiche auf den Karten dokumentiert werden. Diese werden als Überschrift für jedes Kind jeweils auf eine Karte geschrieben. Das könnten z. B. sein:

- Hier komme ich her
- Das kann ich gut
- Das mag ich gern
- Das mag ich nicht
- Das mache ich gerne
- Das fällt mir schwer
- Das wünsche ich mir
- Ein besonderes Merkmal an mir
- Meine Lieblingsfarbe

Diese Karten sind die Startkarten. Sie können beliebig im Laufe der Kita-Zeit erweitert werden. So zeigen die Karten einen Teil davon, was das betreffende Kind ausmacht.

Für die Karte „Hier komme ich her“ wird eine Kopie des Stadtteils oder sogar des Landes angefertigt und die Kinder zeichnen ein Kreuz an die Stelle ihres Wohn- oder Herkunftsortes.

Für die anderen Karten wird das Kind jeweils in der betreffenden Situation fotografiert oder es malt selbst ein Bild dazu.

Die Aussagen darüber, was das Kind mag und was nicht, beziehen sich nicht nur auf Lebensmittel, sondern z. B. auch auf Situationen, Körperwahrnehmungen, Tagesabläufe etc.

Alle Karten werden anschließend zu einem Leporello zusammengeklebt oder in einem Ordner abgeheftet. Die Karten sind für alle Kinder immer zugänglich, damit sie sich z. B. mit anderen Gruppenmitgliedern darüber austauschen können. Das Herstellen der Karten nimmt einen längeren Zeitraum ein, schafft aber für ErzieherInnen und Kinder viele schöne Gesprächsanlässe.

Hinweis: Möchte das Kind etwas Wichtiges aus dem häuslichen Umfeld mit aufnehmen, kann die pädagogische Fachkraft die Eltern um Unterstützung bitten.

„Im Land der Gefühle“: Freude

Dies ist der erste Teil einer Geschichte aus dem Land der Gefühle. Die Geschichte besteht insgesamt aus sechs Teilen. In jedem Teil begegnen die Kinder einem Gefühl, das von sich und seinem Leben erzählt.

Kennst du das Land der Gefühle? Ganz bestimmt, denn du bist täglich dort und auch in jeder Nacht in deinen Träumen. Du kannst dich nicht erinnern? Dann komm mit, ich zeige es dir. Es ist ein großes Abenteuer.

„Halli hallo“, werden wir fröhlich begrüßt. „Schön, dass ihr da seid. Ich bin Freude. Ich freu mich so, dass ihr gekommen seid.“ Freude

sieht aus wie eine kleine Elfe und spaziert mit uns über eine Wiese mit vielen farbenfrohen Pflanzen, Blumen, Sträuchern und Bäumen. Sie zeigt uns stolz ihr kleines Freude-Paradies. „Schaut nur, was hier alles wächst. Ist es nicht wunderschön bei mir?“, fragt sie vergnügt und streckt uns eine Hand voll Himbeeren entgegen. Und während wir mit Freude auf der Wiese sitzen und uns die Sonne ins Gesicht scheint, naschen wir Himbeeren und fühlen uns ganz unbeschwert und leicht. Wir lassen uns mit geschlossenen Augen Himbeeren in den offenen Mund schieben und lachen über die beerenroten Flecken in unseren Gesichtern. Freude hat ein Lachen, das so ansteckend ist, dass wir immer wieder von Neuem loskichern müssen.

„Bist du das Land der Gefühle?“, frage ich schließlich. „Nein“, lächelt Freude. „Ich bin das Gefühl Freude. Aber ich wohne hier im Land der Gefühle. Bei mir fühlt sich vieles glücklich und froh an. Ihr kennt das sicher, z. B. wenn eure Mama euch das Lieblingsessen kocht, oder? Manchmal freue ich mich so sehr, dass ich auch mal weine. Das sind dann Freudentränen.“ Wir schauen uns an und ich sage: „Ich weine, wenn ich mein Kuscheltier nicht finden kann.“ Freude lächelt: „Das sind andere Tränen. Ich glaube, ihr solltet weiterziehen. Aber ich würde mich riesig freuen, wenn ihr mich wieder besuchen kommt.“

Das find' ich toll an dir

Alter: ab 4 Jahren

Jedes Kind überlegt, was es an den Kindern, die neben ihm sitzen, gut findet oder besonders mag. Die pädagogische Fachkraft trägt zur Einführung ein Beispiel vor. Die Kinder erfahren durch diese simple Aufgabe, wie man einem anderen nur durch Worte Freude schenkt.

Fröhliches Bewegungsspiel

Alter: ab 3 Jahren
Material: CD-Player, fröhliche schnelle Musik, Luftballons

Die Kinder bilden einen Kreis und jedes Kind bekommt einen Luftballon. Die Musik wird eingeschaltet. Die Kinder bewegen sich mit den Luftballons zur Musik.
Bewegungsanregungen:

- im Kreis drehen
- nach innen laufen und wieder zurück
- mit den hoch gestreckten Armen hin- und herwiegen
- Schritte zur Seite, rechts und links
- in die Luft hüpfen
- Becken und Gesäß kreisen lassen
- zu zweit einhaken und sich zusammen im Kreis drehen
- Ballon in die Luft werfen
- Ballon zwischen die Knie und vor und zurück springen
- zu zweit einen Ballon zwischen den Gesichtern halten und langsam im Kreis gehen, etc.

„Im Land der Gefühle“: Trauer

Teil 2

Hinter den Bäumen von Freudes Wiese wird es plötzlich ziemlich dunkel. Der Himmel ist voller Wolken, kein einziger Sonnenstrahl ist mehr zu sehen. Wir laufen weiter durch einen dichten Tannenwald und fühlen uns verloren. Wo sind wir nur? Plötzlich hören wir ein leises Schluchzen. Vorsichtig folgen wir dem Geräusch. Und da, an einen großen Baumstamm gelehnt, sitzt eine kleine dunkle Gestalt und sieht uns bedrückt an. „Seid ihr auch so traurig wie ich?“ Und da schießen ihr plötzlich Tränen in die Augen und sie fängt bitterlich an zu weinen. Niedergeschlagen stehen wir vor diesem traurigen kleinen Wesen und fühlen uns hilflos. Was sollen wir nur tun?

„Wer bist du?“, fragen wir schließlich. „Erkennt ihr mich denn nicht?“, fragt es verzweifelt. „Ich bin Trauer!“ Trauer sieht uns mit verweinten Augen an. „Warum seid ihr hier?“, fragt sie. „Wir wollen das Land der Gefühle kennenlernen“, erzählen wir leise. „Ich bin das Gefühl Trauer. Schaut euch um, hier ist alles dunkel. Ich bin sehr oft unglücklich und allein.“ Bedrückt schauen wir zu Boden. Ich muss plötzlich daran denken, wie sehr ich meinen Freund vermisse, den ich schon so lange nicht mehr gesehen habe und auch mir steigen Tränen in die Augen. Ich kann nachempfinden, wie Trauer sich fühlt – bekümmert und leer. Ich nehme Trauer an die Hand: „Ich kann verstehen, dass du traurig bist und dich so traurig zu sehen, ist auch für mich schwer. Aber du bist nicht allein. Wir können dich trösten.“ Trauer schnäuzt sich die Nase. „Danke für euren Trost. Ich glaube, ihr solltet nun weiterziehen. Lebt wohl!“

Die Trauer-Reise

Alter: ab 4 Jahren
Material: CD-Player, CD mit langsamer trauriger Musik, Kissenbezüge gefüllt mit Sand o. Ä., feuchter Wattebausch

Das Zimmer wird abgedunkelt. Jedes Kind sucht sich einen Platz auf dem Boden und legt sich hin, ohne ein anderes Kind zu berühren. Die Musik beginnt leise. Die pädagogische Fachkraft beschreibt mit ruhiger Stimme die Empfindungen von Trauer, z. B.:

- *Ich fühle mich allein* (Augen schließen).
- *Ich fühle mich klein* (Kinder rollen sich ein).
- *Ich fühle mich schwer* (Sandkissen auf den Körper der Kinder legen).
- *Ich weine* (mit einem Wattebausch die Wangen der Kinder berühren).

Wichtig sind kleine Pausen zwischen den einzelnen Sequenzen, damit die Kinder genug Zeit haben, in sich hineinzuspüren.

Jedes Kind erzählt, wie es ihm während der Trauer-Reise ergangen ist oder woran es gedacht hat.

Trost-Aufgabe

Alter: ab 4 Jahren
Material: weißes Papier, Buntstifte

Jedes Kind überlegt, wie es seinen Freund bzw. seine Freundin trösten kann, wenn er/sie traurig ist. Die pädagogische Fachkraft formuliert Beispiele für Auslöser der Traurigkeit, z. B. ein Streit, etwas wurde zerstört, etc. Die Vorschläge werden in der Runde mitgeteilt und auf Papier gemalt.

„Trauerklöße“ backen

Alter: ab 4 Jahren
Material: Waage, Rührschüssel, 2 Esslöffel, Rührgerät, Backpapier, Backblech

Zutaten: 100 g Margarine, 100 g Zucker, 1 Päckchen Vanillezucker, 2 Eier, 1 Prise Salz, 1 Päckchen Puddingpulver mit Sahne oder Mandelgeschmack, 3 EL Milch, 250 g Mehl, 1/2 Päckchen Backpulver

Für die Schokosoße: Schokolade, Sahne

Margarine schaumig rühren. Zucker, Vanillezucker, Eier, Salz hinzugeben. Puddingpulver mit Milch anrühren und dazugeben. Alles glatt rühren.

Mehl und Backpulver mischen und nach und nach unter den Teig rühren. Der Teig muss sehr fest sein. Andernfalls noch etwas Mehl hinzufügen.

Mit zwei Esslöffeln kleine Teighäufchen auf das mit Backpapier ausgelegte Backblech setzen. Auf ausreichend Abstand dazwischen achten.

Bei 220°C Heißluft ca. 15-20 Minuten backen und auf einem Gitter auskühlen lassen.

Schokolade schmelzen und mit Sahne verrühren.

Über jeden Kloß etwas Schokosoße als „Schokotränen“ tropfen.

„Im Land der Gefühle“: Mut

Teil 3

Als wir den dunklen Wald von Trauer verlassen, sehen wir wieder einen blauen Streifen am Himmel und wir atmen einmal kräftig aus und ein. Es geht weiter und hinter einer Kurve kommen wir zu einer Schlucht, in der ein reißender Fluss zu sehen ist. Rechts und links spritzt das Wasser an die Felswände. Oben auf der gegenüberliegenden Seite am Fels steht ein kleines Männchen und winkt uns zu: „He ihr, kommt rüber zu mir“. „Du bist ja lustig, sollen wir fliegen?“, rufen wir ihm zu. Er zeigt flussabwärts. Da baumelt eine schmale Hängebrücke hin und her und das kleine Männchen läuft schnell hinüber. Kurz darauf steht es in der Mitte der Brücke. „Kommt schon“, lächelt es.

Wir trauen uns nicht so richtig. Was ist, wenn die Hängebrücke uns nicht trägt und reißt? Das Männchen scheint unsere Gedanken zu erraten. „Okay, vielleicht müssen wir uns erstmal kennenlernen. Ich heiße Mut und bin das Gefühl, welches ihr bestimmt auch kennt. Als ich das erste Mal über die Brücke musste, stand ich genauso da wir ihr jetzt. Aber ich war entschlossen und habe daran geglaubt, dass ich das schaffen kann. Als ich dann die ersten Meter gegangen war, habe ich mich stark und sicher gefühlt und ruckzuck war ich drüben.“ Wir schauen uns an: „Wir schaffen das!“ und klatschen uns ab. Mit Energie und Zuversicht wagen wir die ersten Schritte. Mut erwartet uns auf der anderen Seite und feuert uns an. „Weiter so, ihr seid so mutig, gleich habt ihr wieder sicheren Boden unter den Füßen!“ Als wir die andere Seite erreicht haben, sind wir richtig stolz und fühlen sehr viel Kraft in uns. „Danke, Mut!“ Mut klopft uns auf die Schulter. „Zieht weiter, ich wünsche euch noch viel Mut auf eurer Reise!“

Das Mutlied

Melodie: Grün, grün, grün sind alle meine Kleider

1. Strophe

Mut, Mut, Mut, den brauchen wir im Leben,
Mut, Mut, Mut ist manchmal gar nicht leicht.
Von oben springen, vor Menschen singen,
das und mehr ist manchmal richtig schwer.

2. Strophe

Mut, Mut, Mut, den brauchen wir im Leben,
Mut, Mut, Mut ist manchmal gar nicht leicht.
Neu im Kindergarten, auf die Mama warten,
das und mehr ist manchmal richtig schwer.

3. Strophe

Mut, Mut, Mut, den brauchen wir im Leben,
Mut, Mut, Mut ist manchmal gar nicht leicht.
Im Dunklen zu sein, Einschlafen allein,
das und mehr ist manchmal richtig schwer.

4. Strophe

Mut, Mut, Mut, den brauchen wir im Leben,
Mut, Mut, Mut ist manchmal gar nicht leicht.
Freunde zu haben, Eltern, die sagen:
Aufgepasst, wir glauben, dass du's schaffst.

Mutprobe

Alter: ab 4 Jahren
Material: Weichbodenmatte, Kasten, weitere Matten; evtl. Augenbinde

Die Weichbodenmatte liegt in der Mitte des Raumes. Der Kasten steht davor und weitere Matten liegen darum herum.

Ein Kind nach dem anderen klettert auf den Kasten und springt vorwärts oder rückwärts auf die Matte. Die „Mutprobe" besteht darin, dass die Kinder sich rückwärts auf die Weichbodenmatte fallen lassen, ohne abzuspringen.

Variante

Die Kinder springen mit Augenbinde. Diese Aktion muss sensibel begleitet werden, besonders dann, wenn ein Kind sich nicht traut.

„Im Land der Gefühle“: Angst

Unser Weg führt uns weiter, weg von der Schlucht einen Berg hinauf. Hier gibt es viele Steine und Geröll. Man muss aufpassen, wohin man tritt. Wir entdecken eine Höhle und wagen uns mutig hinein. Hier ist es düster und dunkel. Ich bin nicht gern im Dunkeln. Es fröstelt uns, als wir ein Geräusch hören. Vorsichtig gehen wir weiter und entdecken im hintersten Winkel ein Wesen, das sich hinter einem großen Stein versteckt. „Wer bist du?“, fragen wir. Keine Antwort. „Wir wollen das Land der Gefühle kennenlernen. Verrate uns doch bitte, wer du bist“.

Hinter dem Stein schaut erschrocken ein blasses Gesicht hervor. „Ich heiße Angst. Kommt nicht näher.“ Ratlos setzen wir uns auf einen Stein. Verunsichert schauen wir uns um. Plötzlich beginnt Angst mit leiser Stimme zu erzählen. „Wisst ihr, ich mache mir ständig Sorgen und ich fürchte mich vor so vielen Dingen. Manchmal weiß ich einfach nicht weiter, weil ich es nicht schaffe, aus dieser Höhle herauszukommen. Kennt ihr das Gefühl auch?“ Ich weiß sofort, wovon Angst spricht. „Ich habe Angst vor schlimmen Träumen und vor Dunkelheit. Meine Mama muss mir immer das Nachtlicht anmachen.“

Ängstlich denke ich an den letzten Traum, aus dem ich weinend aufgewacht bin. „Komm doch mal hinter dem Stein vor, Angst, wir tun dir nichts, wir wissen, wie du dich fühlst.“ Schritt für Schritt nähert sich Angst und bleibt zitternd vor uns stehen. „Weiter schaffe ich es nicht. Zieht weiter und passt auf euch auf.“

Der kleine Angsthase

Bei diesem Würfelspiel sind die Kinder selbst die Spielfiguren. Es kann in der Kindergartenhalle oder im Bewegungsraum von zwei bis vier Spielern gespielt werden.

Alter: ab 4 Jahren
Material: Kopiervorlagen S. 81 f., Kopierer, 40 Bierdeckel, Tonkarton in Gelb, Weiß und Grün, Bleistift, Buntstifte, Schere, Klebstoff, selbstklebende Folie, großer Schaumstoffwürfel, ein Kissen oder kleiner Teppich

Die pädagogische Fachkraft vergrößert die Motivvorlagen auf dem Kopierer auf Bierdeckelgröße. 33 Bierdeckel werden von einer Seite mit grünem Tonpapier beklebt. Sieben Bierdeckel werden mit gelbem und die Rückseiten mit weißem Tonpapier versehen. Die Kinder schneiden die Motive aus und kleben sie auf die weißen Seiten der Bierdeckel. Alle Bierdeckel werden zur besseren Haltbarkeit mit selbstklebender Folie überzogen.

Die pädagogische Fachkraft und die Kinder legen die grünen Bierdeckel wie einen Weg mit nicht allzu großem Abstand zueinander im Raum aus. Am Ende des Weges platzieren sie das Kissen. Die gelben Bierdeckel werden gemischt und mit der weißen Seite nach unten in unregelmäßigem Abstand dazwischen verteilt.

Die Fachkraft führt die Kinder in das Spiel ein:

Der kleine Angsthase darf den Weg vom Kindergarten nach Hause heute zum ersten Mal ganz alleine gehen. Das hatte er sich schon lange gewünscht, aber nun ist ihm schon etwas mulmig …

Spielregeln:
Es wird der Reihe nach gewürfelt. Jedes Kind darf so viele Bierdeckel vorwärts gehen, wie es Augen gewürfelt hat. Kommt es auf einem gelben Feld zum Stehen, muss es den Bierdeckel umdrehen und dem Symbol an der Unterseite entsprechend handeln.

Der Bierdeckel wird wieder auf „Gelb“ gedreht.

Gewonnen hat das Kind, welches zuerst den Weg geschafft hat und am Kissen angekommen ist. Hier ist das Zuhause und der kleine Angsthase ist in Sicherheit.

Kommen zwei oder mehrere Kinder auf das gleiche Feld, stellen sie sich nebeneinander auf.

- *Möhre:* Dem kleinen Angsthasen ist ein wenig komisch im Bauch. Er macht eine Pause, nimmt seine letzte Möhre aus der Frühstücksdose und knabbert sie. Darum musst du einmal mit dem Würfeln aussetzen.
- *Vogel:* Ein großer Vogel kreist über dem Angsthasen. Was der wohl vorhat? Suche dir schnell ein Versteck im Raum und komm erst wieder hervor, wenn die anderen dich rufen, weil du wieder an der Reihe bist.
- *Hase:* Der kleine Angsthase begegnet einem anderen Hasen. Dieser findet es sehr mutig, dass er alleine geht. Darüber freut sich der Angsthase so, dass er schnell drei Felder vorhüpft.
- *Sonne:* In der prallen Sonne werfen die Bäume große Schatten. Davor fürchtet sich der kleine Angsthase ein wenig. Er geht vorsichtig rückwärts ein Feld zurück und schaut sich um, ob es wirklich nur Schatten sind.
- *Blume:* Der kleine Angsthase sieht am Weg schöne Blumen. Soll er für Mama ein paar pflücken oder lieber schnell weitergehen? Er entscheidet sich mutig für das Blumenpflücken. Deswegen musst du eine Runde aussetzen.
- *Mensch:* Ein Mensch kommt den Weg entlang. Der kleine Angsthase macht vor Schreck die Augen zu. Taste dich vorsichtig mit geschlossenen Augen zwei Felder vor. Die anderen Mitspieler dürfen dich unterstutzen.
- *Hund:* Es kommt ein Hund angelaufen. Der kleine Angsthase rennt ganz schnell ein Stück weiter. Deswegen darfst du noch einmal würfeln.

Variante ab 6 Jahren

Ältere Kinder können, wenn sie auf einen Bierdeckel kommen, auf dem schon ein Kind steht, dieses vorsichtig wegschupsen. Das Kind muss dann wieder von vorne anfangen.

Vertrauen macht Mut

Alter: ab 4 Jahren
Material: Weichbodenmatte, Bank, Reifen etc., Augenbinden (Stofftücher), Trommel und Schlegel, Materialien zum Berühren (z. B. Federn, Kühlakku, Seil)

Die pädagogische Fachkraft baut aus Weichbodenmatte, Bank, Reifen und evtl. weiteren Materialien einen Parcours im Bewegungsraum auf.

Jedes Kind bekommt eine Augenbinde angelegt und legt sich auf den Boden. Mit verschie-

denen Materialien schleicht die pädagogische Fachkraft zwischen den Kindern umher und berührt sie mal mehr, mal weniger sanft.

Die Kinder nehmen die Augenbinden wieder ab und wählen eine Partnerin bzw. einen Partner. Ein Kind zieht jeweils die Augenbinde wieder an und wird durch den kleinen Parcours geführt.

Danach tauschen die Kinder die Rollen.

„Im Land der Gefühle: Wut

Wir machen uns nachdenklich auf den Weg, immer weiter bergauf Richtung Gipfel. Als wir zurückschauen, können wir in der Ferne die Schlucht von Mut entdecken. „UUUU-UAAAAAAHHHHHH", hallt es plötzlich vom Berg. Wir erschrecken uns so sehr, dass ich fast abgestürzt wäre. „Was war das denn?" Neugierig kraxeln wir weiter den Berg hinauf. „Vorsicht!", schreie ich, als ein Stein geflogen kommt. Wir gehen in Deckung und drücken uns an den Felsen. Immer wieder hören wir laute aufgebrachte Schreie. Als wir oben ankommen, sehen wir einen kleinen orangefarbenen Kobold, der uns zornig beschimpft: „Haut ab, ihr Volltrottel, ihr habt hier nichts verloren, das ist mein Berg! Ihr rotgesichtigen, schwitzenden Abstürzer, gleich geht's zurück im Sturzflug!"

Das ist ja eine Begrüßung. Ärgerlich betrachten wir den kleinen Kobold. „Was regst du dich denn so auf? Wir tun dir doch nichts." Der Kobold baut sich wütend vor uns auf. „Was glaubt ihr denn, wen ihr vor euch habt? Ich heiße Wut und ich schreie so viel ich will, so oft ich will und so laut ich will, und das lasse ich mir von euch haarigen Dummköpfen nicht verbieten! Ich bin auf 180, wütend, ärgerlich und voller Zorn. Aus dem Weeeeeggg!"

Mit gewaltiger Kraft wirft der Kobold einen großen Felsbrocken den Berg hinunter und brüllt weiter feindselige Schimpfwörter. Mittlerweile sind wir gereizt und es brodelt in uns vor Ärger. „Du wutschnaubender, unverschämter, kleiner Kobold, wir wollen nichts mit dir zu tun haben. Und tschüss!" Sauer und angespannt machen wir uns an den Abstieg.

Wutkissenschlacht

Alter: ab 4 Jahren
Material: 2 gleich große Kissen, 2 Turnmatten als Unterlage

Jedes Kind sucht sich einen Partner und bekommt ein Kissen. Die Kinder erinnern sich an eine Situation, in der sie zuletzt richtig wütend waren. Mit Wutgeschrei beginnt die Wutkissenschlacht.

Wut wegschießen

Alter: ab 4 Jahren
Material: Weichbodenmatte, Bälle

Die pädagogische Fachkraft lehnt die Weichbodenmatte an eine Wand. Jedes Kind bekommt einen Ball und schießt mit voller Wucht (Wut) auf den unteren Teil der Matte, so lange bis die Matte dadurch nach hinten geschoben wird und umfällt. Die Fachkraft stachelt die Kinder während des Spiels an, um sie so indirekt zu motivieren, damit evtl. eine kleine Wut im Bauch entsteht und noch mehr Kräfte freisetzt.

„Im Land der Gefühle“: Liebe

Teil 6

Als wir wieder im Tal angelangt sind, wandern wir schweigend weiter. Wir haben viel erlebt im Land der Gefühle und jeder hängt seinen Gedanken nach. Auf einem kleinen, grünen Hügel lassen wir uns ins Gras fallen. Ein Baum spendet uns Schatten. Vor uns liegt das Meer. Es ist ruhig hier. Kein Geschrei, keine Tränen, keine Mutprobe und kein Gelächter. Nur ein paar Vögel, Schmetterlinge und du und ich. „Meinst du, wir haben jetzt alles gesehen vom Land der Gefühle?“, frage ich. „Nein, im größten Teil des Landes seid ihr gerade erst angekommen“, sagt eine warme, freundliche Stimme hinter uns.

Wir sehen eine Fee mit langen Haaren. Sie lächelt uns herzlich zu. „Wer bist du?“, fragen wir. „Ich bin das Gefühl, das jeder in sich trägt. Ich bin das Gefühl, das uns Herzklopfen bringt. Ich bin das Gefühl, das uns glücklich macht. Ich bin das Gefühl, das man hat, wenn man jemanden mag. Ich bin Liebe!“ Liebevoll lächelt sie uns an und uns wird ganz warm ums Herz. Bei ihren Worten muss ich an Mama und Papa denken, an meine Geschwister und an alle Menschen, die ich lieb habe. Liebe zeigt in verschiedene Richtungen. „Es gibt noch viele kleine Ecken im Land der Gefühle. Ihr werdet sie noch bereisen, doch euer Zuhause ist hier.“ Wir schauen uns an. Ich bin froh, dass du mitgekommen bist auf unsere gemeinsame Reise durch das Land der Gefühle.

Kussbilder

Alter: ab 2 Jahren
Material: weißes Papier, Wasser, kleiner Pinsel, rote Karnevalsschminke

Die pädagogische Fachkraft bemalt die Lippen der Kinder mit roter Farbe. Sie zeigt, wie ein gelungener Kussmund auf Papier aufgetragen wird. Jedes Kind drückt seinen Lippenabdruck auf das Papier und gestaltet sein eigenes Kussbild.

Die Kinder vergleichen, welche Unterschiede es bei Mündern bzw. Lippen gibt.

Gesprächsimpuls:

Wie fühlt es sich an, zu küssen? Möchten die Kinder ihr Kussbild an jemanden verschenken, den sie lieb haben?

Zwei im Reifen

Alter: ab 3 Jahren
Material: rote Herzen aus Fotokarton, halb so viele Reifen wie Kinder, CD-Player und Instrumentalmusik

Die pädagogische Fachkraft klebt rote Herzen an die Reifen und verteilt diese im Bewegungsraum auf dem Boden. Während die Musik läuft, rennen die Kinder durch den Raum um die Reifen herum. Die Fachkraft stoppt die Musik und die Kinder springen in die Reifen. In jedem Reifen dürfen nur zwei Kinder stehen. Sie erhalten die Aufgabe

- sich zu umarmen,
- sich die Hände zu geben,
- sich über den Kopf zu streicheln etc.

Startet die Musik, geht es wieder weiter.

Gefühlssteine

Alter: ab 4 Jahren
Material: glatte, helle Steine, die gut in eine Kinderhand passen, ein großer Bogen weißes Papier, Permanentmarker in verschiedenen Farben, Klarlack, evtl. schön gestaltetes Kästchen o. Ä. zum Aufbewahren

Die Kinder suchen im Vorfeld, z. B. im Außengelände oder vielleicht an einem kleinen Bach in der Nähe, glatte, helle Steine, die sich angenehm in der Hand anfühlen.

Das Papier liegt in der Mitte des Stuhlkreises. Die Kinder überlegen, welche Gefühle sie kennen. Die pädagogische Fachkraft notiert die unterschiedlichen Aussagen auf dem Papier so, dass zu jeder Aussage ein „Smiley" gemalt werden kann. Die Kinder zeigen nun mimisch, wie das Gesicht bei den entsprechenden Gefühlen aussieht und stellen passende Körperhaltungen und Bewegungsmuster nach. Sie malen die Smileys zu den genannten Gefühlen mit Permanentmarkern auf das Papier und übertragen diese später auf die Steine.

Die Fachkraft lackiert die Steine mit Klarlack, damit der „Gesichtsausdruck" länger erhalten bleibt und die Maserung des Steines klarer ist. Nach dem Trocknen werden die Steine in einem schönen Kästchen aufbewahrt. Im Sitzkreis nutzen die Kinder sie, z. B. bei der Berichterstattung über das Wochenende oder bei der Reflexion des Gruppentages zur Demonstration der Gefühle. Kindern fällt es leichter, über ein Gefühl zu sprechen, wenn sie sich an dem betreffenden Stein festhalten können.

Hinweis: Die Sicherheitsmaßnahmen am Bach müssen unbedingt eingehalten werden.

Geschichten an der Magnettafel

Die Magnettafel ist ein gutes Medium, um sowohl verbal als auch nonverbal Gefühle auszudrücken und diese in Zusammenhang mit Personen, Gegenständen, Ereignissen etc. zu bringen und anderen mitzuteilen.

Alter: ab 5 Jahren
Material: 6 gelbe Kreise aus Tonpapier im Durchmesser ca. 5 cm, schwarzer Permanentmarker, selbstklebende Magnete (Bastelbedarf), große Metalltafel (z. B. Pinwand), Einzelfotos (Ganzkörper) der Kinder und ErzieherInnen der Gruppe, Schere, Bilder der Spielmaterialien und Möbel, festes weißes Malpapier, Buntstifte, Tonpapierreste

Die pädagogische Fachkraft und die Kinder zeichnen auf die sechs gelben Kreise mit dem Permanentmarker die Emoticons für Freude, Trauer, Angst, Wut, Überraschung und Ekel. Auf die Rückseiten kleben sie Magnete und setzen die Emoticons an den oberen Rand der Metalltafel.

Die Kinder schneiden die Fotos aller Gruppenmitglieder aus und versehen sie auch mit einem Magneten auf der Rückseite.

Aus den anderen Materialien erstellen Fachkraft und Kinder gemeinsam nun die Elemente für viele Geschichten. Alle ausgeschnittenen Bilder etc. bekommen einen kleinen Magneten auf der Rückseite.

Um in die Geschichte einzusteigen, wird das Emoticon, welches die Gefühlslage in dieser Geschichte zeigt, als „Überschrift" oben in die Mitte der Tafel geschoben. Nun suchen die Kinder die Bilder aller Personen und Gegenstände, die beteiligt sind, heraus und positionieren sie entsprechend auf der Tafel. Mithilfe dieser vielen Bilder erzählen und erfinden die Kinder Geschichten auf der Magnetwand oder spielen Ereignisse nach. Dazu schieben sie diese Bilder passend zu ihren Erzählungen hin und her oder stellen einfach eine Situation dar, die zu dem Gefühl passt.

Kinder, die sich nicht trauen, über ihre Gefühle zu sprechen oder nicht in der Lage sind, sich verbal zu äußern, können so mitteilen, worüber sie sich z. B. freuen, wovor sie Angst haben, welche Situation sie wütend gemacht hat etc.

Fehlen wichtige Elemente, malen die Kinder diese auf, schneiden sie aus, versehen sie mit einem Magneten und fügen sie hinzu.

Zum Aufräumen werden einfach alle Bilder an die Magnetwand geheftet.

Hinweise: Auch Bilderbuchgeschichten, Märchen oder Gruppenerlebnisse können an der Magnetwand nachgespielt werden. Kinder, denen das Sprechen schwerfällt, werden gezielt angeleitet, Situationen zu einem bestimmten Gefühl darzustellen. Dies sollte allerdings nicht vor der gesamten Gruppe geschehen.

Die Sternenmassage

Alter: ab 3 Jahren
Material: Steine, Luftballons, Sand, Trichter, Löffel, Handwärmer, CD-Player mit leiser, langsamer Musik, Wattebäusche, kleine Stöcke, Federn

Zur Vorbereitung legt die pädagogische Fachkraft die Steine ins Eisfach und befüllt die Luftballons mit Sand. Kurz vor der Durchführung aktiviert sie die Handwärmer.

Die Kinder tragen kurze Kleidung, sodass Arme und Unterschenkel nicht bedeckt sind.

Jedes Kind sucht sich einen Partner. Ein Kind legt sich auf den Boden, das andere sitzt ruhig daneben und massiert zur Geschichte. Nach dem ersten Durchgang tauschen die Kinder die Rollen. Die pädagogische Fachkraft zeigt an, mit welchem Material welches Körperteil jeweils massiert wird.

Die Musik wird eingeschaltet. Sie soll den Kindern helfen, zur Ruhe zu kommen.

Die pädagogische Fachkraft liest den Text mit ruhiger Stimme vor:

Kommt mit zur Traummassage! Legt euch auf den Bauch und macht es euch bequem. Kommt zur Ruhe und schließt die Augen.
Die pädagogische Fachkraft verteilt die Materialien.
Atmet ein und aus und versucht euch zu entspannen. Stellt euch vor, wir sind hoch oben im Himmel und fliegen zwischen den Wolken umher.
Mit Wattebäuschen vorsichtig über den Körper streichen.
Die Erde können wir kaum mehr erkennen. Wir sind weit, weit weg. In der Ferne funkeln die Sterne und wir machen uns auf den Weg dorthin.
Der erste Stern, den wir besuchen, ist voll Gestrüpp.
Mit den kleinen Stöcken vorsichtig an den Beinen picken.
Hier ist es laut. Wir hören wütende Schreie und es qualmt aus verschiedenen Löchern. Wir bahnen uns einen Weg durch kratzige Büsche, aber kommen nur langsam voran. Durch den Qualm sehen wir schlecht. Und das Geschrei dröhnt in unserem Kopf. Hier fühlen wir uns gar nicht wohl. Als wir den Stern verlassen, atmen wir auf.
Mit Wattebäuschen wieder über den Körper streichen.
Von weitem hören wir Gelächter.
Mit der Feder über das Gesicht streichen.
Das klingt schon viel besser. Wir wollen mal nachschauen, woher das Lachen kommt. Auf dem zweiten Stern sieht es ganz anders aus. Hier leuchtet alles bunt, hier gibt es Punkte, Streifen, Schlangenlinien, Zickzackmuster. Alles sieht bunt, fröhlich und hell aus. So, als würde die Sonne scheinen. Erfreut lächeln wir uns zu. Hier ist es schön, hier bleiben wir ein bisschen und bestaunen die verschiedenen Muster und Farbenspiele. Aber was gibt es noch zu entdecken? Neugierig fliegen wir weiter.
Mit Wattebäuschen wieder über den Körper streichen.
Da hinten leuchtet es nicht ganz so hell. Wir sind gespannt, was uns erwartet. Brrrr, hier ist es richtig kalt.
Die kalten Steine auf die Arme drücken.
Alles ist grau und viele große Betonklötze gibt es hier mit kleinen Öffnungen. „HUHU!" Oh, jetzt haben wir uns aber erschrocken. Irgendwie erinnert uns dieser Ort an Geister. „HUHU", tönt es immer wieder. Wir laufen über Wege voller Schutt und können niemanden entdecken. Uns wird immer kälter und unheimlicher. Schnell weg von hier.
Mit Wattebäuschen über den Körper streichen.
Weiter geht es zum nächsten Stern. Oh, mit den Füßen sinken wir in schlammigen Boden ein. Wir sind in einem Sumpf gelandet.
Die Sandluftballons auf den Rücken plumpsen lassen.
Langsam, Schritt für Schritt, sinken wir immer wieder in der feuchten Moorlandschaft im Sumpf ein. Es ist schwer, voranzukommen und auch unsere Stimmung wird immer schlechter. Wir haben nicht mehr viel Kraft. Wir hören ein Schluchzen über uns. Und es beginnt zu regnen. Sind das Tränen? Mit letzter Kraft

entkommen wir dem Sumpf und sind total erschöpft. Hier wollen wir nicht bleiben. Wir fliegen weiter und uns wird's wieder leichter ums Herz.
Mit Wattebäuschen über den Körper streichen.
Da vorne ist ein Stern, der leuchtet richtig hell. Da wollen wir hin. Oh, hier wird es schön warm.
Mit dem Handwärmer über Kopf, Arme, Beine, Rücken und Gesicht streichen.
Da ist ja eine Rutschbahn. Mit Schwung sausen wir hinunter und landen in kuscheligen, rosafarbenen Kissen. Hier fühlen wir uns geborgen. Wir nehmen einen herrlichen Geruch wahr. Es duftet nach Blumen. Mit geschlossenen Augen spüren wir, wie es ganz warm ums Herz wird und wir ganz ruhig werden. Doch es geht wieder weiter.
Mit Wattebäuschen über den Körper streichen.
Unser Weg führt uns wieder langsam zurück. Wir fliegen Richtung Erde und kommen langsam wieder unten an. Hier auf dem Boden. Schön war es bei den Sternen.

Fragen für eine mögliche Gesprächsrunde:

- Wo habt ihr euch am wohlsten gefühlt?
- Was war unangenehm?
- Welche Gefühle passen zu den einzelnen Sternen?
- Was könnte es noch für Sterne geben?

Klanggedicht

Kinder lieben es, Texte klanglich zu begleiten. In der Kita bieten sich hierfür einfache Rhythmusinstrumente wie Klangstäbe, Holzblocktrommeln, Triangeln, Rasseln, Shaker, Schellen, Handtrommeln, aber auch Glockenspiel und Xylophon an. Die pädagogische Fachkraft gibt den Kindern zu Beginn genügend Zeit und Möglichkeiten, diese Instrumente kennenzulernen und ihre Klangvielfalt auszuprobieren.

Zum Einstieg spricht die pädagogische Fachkraft mit den Kindern über die verschiedenen Instrumente. Folgende Fragen können die Kinder diskutieren:

- Welche Instrumente sind eher laut, welche sind eher leise?
- Welches Instrument hört sich eher wütend (traurig, fröhlich, ängstlich) an?
- Wie müssen wir das Instrument spielen, um bestimmte Gefühle darzustellen?
- Können sich die Instrumente auch unterhalten?

Die pädagogische Fachkraft liest den Text zuerst einmal ohne Instrumenteneinsatz vor. Die Kinder überlegen, welche Instrumente die im Gedicht vorkommenden Gefühle am besten ausdrücken und wie sie verwendet werden. Beim letzten Satz sind alle Instrumente gemeinsam im Einsatz.

„So bin ich!"

Wenn ich einmal wütend bin, stampf' ich durch den Wald.
Und ich schrei' die Bäume an, dass es nur so schallt!
Bin ich fröhlich, gut gelaunt, singe ich vor Glück.
Und ich tanz' auf Zehenspitzen vorwärts und zurück.
Manchmal bin ich ziemlich traurig und dann weine ich.
Dann drück' ich mein Kuscheltier, denn das tröstet mich.
Ängstlich bin ich auch schon mal, dann zittern Knie und Kinn.
Dann mache ich die Augen zu und hoff', es wird nicht schlimm.
Doch ich kann auch mutig sein, dann bin ich ein Held,
und bin bestimmt in dem Moment der stärkste Mensch der Welt.
Manchmal find' ich alles doof und nichts ist richtig toll.
Dann motze ich ganz schrecklich rum und hab' die Nase voll.
Wut, Angst, Trauer, Mut und Glück, all das gehört zu mir.
Lass mich sein so wie ich bin! Das wünsch ich mir von dir!

Soziale Kompetenzen im Miteinander

Schon Kleinkinder fühlen sich anscheinend magisch zu anderen Kindern hingezogen. Beziehungen zu anderen Kindern können sie allerdings noch nicht knüpfen. Hierfür mangelt es ihnen an Möglichkeiten der verbalen und nonverbalen Kommunikation.
Im Krabbelalter kommt es dann eher zu zufälligen und von Eltern gelenkten Begegnungen. Die Kinder spielen nebeneinander im sogenannten Parallelspiel und nehmen noch keinen Kontakt zueinander auf. Können sie laufen, beginnt auch die erste Kontaktaufnahme, z.B. durch Hinterherlaufen, spontanes Umarmen oder auch durch das Wegnehmen von Spielzeug.
Werden die verbalen Möglichkeiten größer und die Kinder entdecken das eigene „Ich", dann werden die Annäherungen bewusster und intensiver.

Die ersten Freundschaften beginnen eigentlich erst mit ca. drei Jahren. Allerdings sind diese Freundschaften zuerst eher noch eine Zweckgemeinschaft oder ein Team für eine bestimmte Spielphase oder einen speziellen Spielbereich. Dieses gemeinsame Tun ist situationsabhängig und meistens auch emotionsabhängig. Aus diesem Grund können diese „Freundschaften" auch ganz plötzlich und emotionsgeladen wieder enden. Da sowohl Teams und Zweckgemeinschaften als auch Freundschaften stark von den sprachlichen Möglichkeiten der Kinder abhängen, ist es für die ErzieherInnen eine wichtige Aufgabe, Kinder ohne oder mit wenig Deutschkenntnisse/n bzw. Kinder mit kognitivem oder sprachlichem Förderbedarf hier zu unterstützen.

Haben Kinder die Erfahrung gemacht, dass sie mit einem Kind besonders gut spielen können, kann sich aus der Zweckgemeinschaft eine länger anhaltende Freundschaft entwickeln. In dieser emotional wichtigen Beziehung machen Kinder z.B. die Erfahrungen, dass man

- auch zu Gleichaltrigen und nicht nur zu den Familienmitgliedern Vertrauen haben kann,
- zusammen stärker ist,
- Geheimnisse austauschen kann,
- sich zusammen anderen gegenüber abgrenzen kann,
- bedingungslose Unterstützung bekommt,
- bereit ist, Opfer zu bringen,
- sich miteinander wohlfühlt,
- in eine ganz eigene Fantasiewelt gemeinsam eintauchen kann.

(vgl. Blank-Mathieu 1999).

Kinderfreundschaften in der Kita halten starken Belastungen häufig nicht stand. Zieht ein Kind in eine andere Stadt oder besuchen die Kinder nach der Kindergartenzeit unterschiedliche Schulen, enden Kinderfreundschaften oft eine kurze Zeit später.

„Frage-König/in"

Wie gut kennst du meine Gruppe?
Dieses Spiel bietet die Möglichkeit, die einzelnen Kinder besser kennenzulernen.

Alter: ab 3 Jahren
Material: Murmeln

Ein Kind sitzt in der Mitte des Morgenkreises. Die pädagogische Fachkraft beginnt, Fragen zu stellen, z. B.:

- Mit wem spielt Lisa am meisten?
- Wer ist der/die Jüngste in der Gruppe?
- Wer hat eine Schwester?
- Wer ist fünf Jahre alt?
- Wer kommt in die Schule?
- Wer kann ganz toll klettern?
- Warum hat Ben sich gestern ganz besonders gefreut?

Kinder, die eine Antwort geben können oder möchten, heben zum Signal die Hand. Das Spiel eignet sich auch für Kinder, deren Sprachverständnis gut ausgeprägt ist, die sich aber sprachlich nicht verständigen können. Sie haben die Möglichkeit, auf das betreffende Kind zu zeigen.

Pro richtige Antwort bekommt das Kind eine Murmel. Beantwortet es eine Frage falsch, werden die anderen Kinder befragt. Am Ende des Spiels wird verglichen, wer die meisten Murmeln erspielt hat und „Frage-König/in" geworden ist.

Die Kinder können sich natürlich auch mit eigenen Fragen beteiligen.

Murmelspiel

In Gemeinschaftsaktionen kommen Kinder zusammen, die sonst eher nicht so viel miteinander zu tun haben. Jeder muss sich einbringen, Absprachen treffen und einhalten und es gibt ein Ergebnis, das stolz macht.

Alter: ab 3 Jahren
Material: 1 großer Schuhkarton, Bleistift oder Kugelschreiber, Schere, Fingerfarben, Maldecke, breite Pinsel, Murmeln

Der Schuhkarton liegt mit der offenen Seite nach unten auf dem Tisch. An einer langen Seite mittig zeichnet die pädagogische Fachkraft ein Tor auf, das bis fast an die obere Kante reicht. Links daneben wird ein zweites, aber kleineres Tor aufgezeichnet und rechts daneben ein drittes noch kleineres. Die Kinder schneiden die Tore aus und malen den Karton an.

Nach dem Trocknen geht es an die Gestaltung des Kartons. Dazu wird die Maldecke als Unterlage verwendet. Die Kinder entscheiden gemeinsam, wie sie den Karton verzieren, z. B. mit aufgemalten bunten Mustern, Tupfen mit den Fingerkuppen, Handabdrücken oder den Anfangsbuchstaben aller Kinder.

Ist auch die Dekoration getrocknet, wird über das große Tor eine 1, über das mittlere eine 2 und über das kleine Tor eine 3 geschrieben.

Spielanleitung:
Der gestaltete Schuhkarton steht auf dem Fußboden in einer möglichst ruhigen Ecke. Jedes Kind bekommt fünf Murmeln. Aus einem Abstand von ca. 80 cm rollen die Kinder der Reihe nach ihre Murmeln durch die Tore in den Karton. Ältere Kinder zählen mit, wie viele Punkte sie dabei erzielen, indem sie die Punktzahlen über den getroffenen Toren zusammenzählen. Dazu können sie einen Abakus oder eine Strichliste als Hilfsmittel verwenden.

Hinweis: Der Schwierigkeitsgrad lässt sich verändern, indem der Abstand zum Karton variiert wird.

Flagge zeigen

Kinder, die sehr viel miteinander spielen, können eine eigene Flagge zum Aufhängen erstellen, um damit ihre Zusammengehörigkeit zu signalisieren.

Alter: ab 3 Jahren
Material: altes, weißes Bettlaken, Zentimetermaß, Kugelschreiber, Schere, Fingerfarben, flache Schälchen, z. B. leere Margarinedosen, Schwämme, Pinsel, buntes Band, alte Zeitungen

Die pädagogische Fachkraft schneidet aus dem Bettlaken ein Stück von ca. 70 x 50 cm zu. Das Stoffstück wird im Längsformat verwendet. In das untere Drittel reißen die Kinder Fransen. Das geht am einfachsten, wenn sie mit der Schere kleine Schnitte setzen und diese dann ca. 20 cm lang einreißen.

Die Kinder überlegen gemeinsam, wie sie ihre Flagge gestalten wollen, z. B. mit einer Gemeinsamkeit, einem Maskottchen, das man darstellen kann, bestimmten Lieblingsfarben bzw. -formen oder den Anfangsbuchstaben aller Namen.

Der Arbeitstisch wird mit Zeitungen ausgelegt und die Kinder tupfen die Farbe mit den Schwämmen auf den Stoff.

Nach dem Trocknen drehen die Kinder die beiden oberen Ecken zu kleinen Zipfeln und knoten dort jeweils ein Band an. Die Flagge wird immer dort aufgehängt, wo die Gruppe gerade spielt.

Vertrauensspiele

Die folgenden Spiele stärken das Vertrauen der Kinder untereinander und fördern den Zusammenhalt. Sie sollten innerhalb einer Gruppe gespielt werden, die sich schon kennt.

Alter: ab 5 Jahren
Gruppengröße: 8–12 Kinder

Führe mich

Material: Augenbinden, Instrumente (z. B. Glöckchen, Rassel, Schellenkranz)
Spielort: Außengelände
Die Gruppe findet sich zu Paaren zusammen. Sinnvoll wäre es, wenn das Paar befreundet ist. Jeweils ein Kind bekommt die Augen verbunden.

Verschiedene Spielideen sind möglich:

- Das sehende Kind nimmt das Kind mit den verbundenen Augen an die Hand und führt es über das Außengelände und beschreibt mit Worten, z. B.: „Vorsicht Stufe" oder „Jetzt geht es leicht bergab" etc. Die pädagogische Fachkraft gibt eine Zeitspanne vor, damit alle Paare etwa gleich lange unterwegs sind. Im Anschluss erfolgt ein Rollenwechsel.
- Das Kind mit den verbundenen Augen wird nur durch Worte und nicht mehr an der Hand durch den Garten geführt.
- Die Worte des führenden Kindes werden durch ein Instrument ersetzt.
- Die Spielgeräte auf dem Außengelände werden mit einbezogen. Das führende Kind nimmt das Kind mit verbunden Augen an die Hand, hält den Körperkontakt und beschreibt, was es vorhat: z. B. „Wir sind an der Schaukel angelangt, dreh dich erst um, setz dich dann darauf und ich gebe dir vorsichtig Anschwung."

Hinweis: Wichtig ist, dass die pädagogische Fachkraft die Aufgabe genau beschreibt, eventuell auch vormacht und auf Gefahrenquellen hinweist. Möchte ein Kind nicht mitmachen, sollte es dazu nicht überredet werden. Eine Feedback-Runde im Anschluss bietet den Kindern die Möglichkeit, über ihre Gefühle in den verschiedenen Situationen zu sprechen.

Bewege mich

Material: Teppichfliesen oder Matten als Unterlagen

Es bilden sich Paare. Jeweils ein Kind legt sich auf die Unterlage. Das Kind auf dem Boden schließt die Augen. Das andere Kind fragt: „Welches Körperteil darf ich bewegen und wie darf ich es bewegen?" und bekommt eine Antwort von dem liegenden Kind. Das Kind, das die Bewegungen nach Anleitung umsetzt, muss sich gut merken, welche Bewegung es mit welchem Körperteil machen darf. Denn das Kind mit den geschlossenen Augen muss darauf vertrauen können, dass nichts geschieht, was es nicht angeordnet hat oder nicht mag. Ca. vier bis fünf verschiedene Bewegungen sollten angegeben werden. Für den nächsten Durchgang tauschen die Kinder die Rollen.

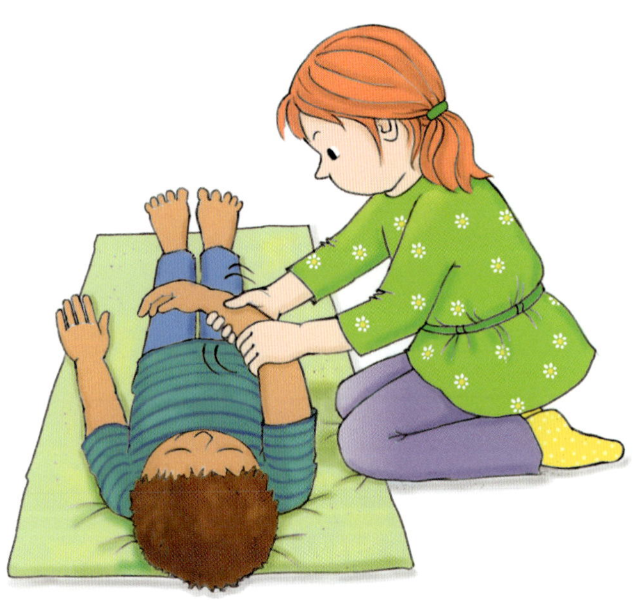

Wir schaffen das

Material: Gymnastikreifen (Anzahl richtet sich nach der Kinderanzahl), CD-Player, CD mit flotter Musik

Die Kinder verteilen die Reifen auf dem Boden. Sie laufen zur Musik im Raum um die Reifen herum. Die pädagogische Fachkraft stoppt die Musik. Die Kinder springen so schnell wie möglich in die Reifen. Sobald die Musik ertönt, laufen die Kinder wieder umher, ein Reifen wird entfernt. Bei weiteren Musik-Stopps stehen die Kinder zu mehreren in einem Reifen. Je weniger Reifen es sind, desto schwieriger ist es für die Kinder, sich gemeinsam als Gruppe in die Reifen zu retten. Die Kinder entwickeln Ideen, wie sie sich gegenseitig helfen können, z. B. nur mit einem Bein im Reifen zu stehen und von den anderen Kindern gehalten zu werden. Das Spiel ist zu Ende, wenn nicht mehr alle Kinder in die verbliebenen Reifen passen.

Das Geisterspiel

Material: 2 Matten, Kreide, eine Augenbinde

Die Spielleitung platziert die Matten in zwei gegenüberliegenden Ecken des Turnraumes. Ein Kind ist das Gespenst und steht auf einer Matte in einer Ecke. Die restlichen Kinder verteilen sich einzeln im Raum und bleiben wie angewurzelt stehen. Sollten Kinder Schwierigkeiten damit haben, hilft es, wenn die Spielleitung mit Kreide einen Kreis zur Orientierung um sie herum malt. Diese Kinder sind die Waldgeister. Das Gespenst bekommt die Augen verbunden. Sein Ziel ist es, um die Waldgeister herum zur anderen Matte zu gelangen. Die Waldgeister sind dabei eher hinderlich, da sie im Weg stehen. Durch leise „Hui buh" Rufe warnen sie das Gespenst, damit es ausweichen kann. Es liegt also an der gesamten Gruppe, dem Gespenster-Kind zu helfen, so schnell wie möglich zur anderen Seite zu kommen.

„Wir gehören zusammen"-Rahmen

Alter: ab 2 Jahren
Material: 4 gleich lange Holzlatten, mind. 1 m lang und 10–15 cm breit, Nägel, Hammer, große Unterlage, Malerkittel, deckende Farben für Holz, dicke und dünne Pinsel, Wäscheklammern aus Holz (Anzahl: Gruppengröße mal 2), Deko-Silberdraht, Lack zum Fixieren, Filzstift, Fotos der Kinder und evtl. der MitarbeiterInnen; evtl. kleine Schwämme

Die pädagogische Fachkraft fügt die vier Holzlatten zu einem Rahmen zusammen und fixiert sie mit Hammer und Nägeln.

Die Kinder malen den Rahmen mit den Farben bunt an. Evtl. wird der Gruppenname oder das Motto: „Wir gehören zusammen" integriert.

Während der Rahmen trocknet, malen die Kinder mit etwas feineren Pinseln jeweils zwei Wäscheklammern an. Jede Klammer wird mit Filzstift mit dem Namen des jeweiligen Kindes gekennzeichnet.

Die pädagogische Fachkraft fixiert Holzrahmen und Wäscheklammern im Freien mit Klarlack.

Auf der rechten und linken Seite des getrockneten Rahmens werden Nägel mit gleichem Abstand gehämmert, mit dickem Silberdraht umwickelt und zu „Wäscheleinen" gespannt. Die Kinder und evtl. die MitarbeiterInnen hängen ihre Fotos mit den jeweiligen Wäscheklammern auf.

Variante

Die Kinder können die Holzklammern auch mit Schwämmchen betupfen. Dazu tauchen sie die Schwämmchen – von einer Wäscheklammer gehalten – in Farbe.

Geschichte zum Weitererzählen

Was fühlt ein Kind, wenn es (noch) keinen Freund gefunden hat? Und was kann es sich vorstellen zu tun, um einen Freund zu finden?

Die folgende Geschichte lässt die Lösung offen, sodass ErzieherInnen gemeinsam mit den Kindern danach suchen können.

Leo Grünling hat keinen Freund

Leo Grünling war ein kleiner Kobold. Er lebte mit seiner Mama, seinem Papa, seinem Bruder Piet und seiner Schwester Suse in einem kleinen Wäldchen in der Nähe der Stadt. Piet und Suse waren etwas älter als er. Die ganze Familie Grünling wohnte in einer Wohnhöhle, die Papa unter den Wurzeln einer großen Buche gebaut hatte. Dort war es sehr gemütlich. Und am liebsten hätte er dort die ganze Zeit mit seinen Spielsachen und seinen Geschwistern gespielt.

Aber Suse und Piet spielten auch gerne mit ihren Freunden, den Koboldkindern der anderen Koboldfamilien im Wäldchen. Manchmal waren sie stundenlang unterwegs und sie erzählten lustige und spannende Geschichten von ihren Erlebnissen, wenn sie wiederkamen. Es kam auch vor, dass sie sich mit den anderen Koboldkindern gestritten hatten. Dann kamen sie wütend in die Höhle gestampft. Aber am nächsten Tag war meistens alles wieder in Ordnung.

Leo Grünling wollte gerne mit Piet und Suse losziehen. Aber die beiden meinten, er sei zu klein für sie und er sollte sich eigene Freunde suchen. Als Leo sie fragte, wie das geht, zuckte Suse mit den Schultern und meinte: „Das passiert einfach so." Und Piet ergänzte: „Genau, entweder man ist ein Freund oder nicht. Und wenn man einen Freund gefunden hat, macht man alles zusammen!"

„Aber wie weiß denn jemand anderes, dass ich einen Freund suche?", fragte Leo Grünling. „Vielleicht gehst du einfach mal aus dieser

Höhle heraus und schaust dich um. Sicher gibt es bei den anderen Koboldkindern genug kleine Kobolde, mit denen du spielen kannst." Und damit verschwanden Piet und Suse zu ihren Freunden.

Leo Grünling ging langsam hinter ihnen her. Er setzte sich an einen Baum und schaute sich um. Viele Koboldkinder spielten hier draußen. Er war ganz überrascht. Also blieb er dort sitzen und wartete, dass ihn ein Koboldkind entdeckte und sein neuer Freund wurde. Er wartete ziemlich lange, aber niemand kam. Traurig schlich er zurück in die Höhle.

Als er am Abend mit Piet und Suse darüber sprach, rief Suse: „So geht das auch nicht!"

„Aber wie geht es denn dann?", fragte Leo.

Kinder und ErzieherIn überlegen gemeinsam, was Leo Grünling tun könnte.

Folgende Impulsfragen helfen dabei:

- Wie geht es Leo Grünling im Moment?
- Ging es dir auch schon einmal so? Wenn ja, wann und warum?
- Was wünscht sich Leo Grünling?
- Wozu möchte Leo Grünling einen Freund haben?
- Was kann man mit einem Freund zusammen machen?
- Wie könnte Leo Grünling einen oder mehrere Freunde finden?
- Wie hast du deinen Freund gefunden?
- Wenn Leo Grünling zu uns in die Gruppe käme, was würdest du ihm sagen?
- Was könnte Leo Grünling in unserer Gruppe beobachten?

Willkommens-blume

Um neuen Kindern den Start in der Kita etwas leichter zu machen, erhalten sie von den Kita-Kindern einen Willkommensgruß. Dieser Willkommensgruß wird per Post verschickt oder beim „Schnuppertag" des neuen Kindes überreicht.

Alter: ab 4 Jahren
Material: heller Fotokarton DIN A5, Bleistift, Abtönfarben, Pinsel, ein Foto vom jeweiligen Kind, das die Post an ein neues Kind verschickt, Schere, Kleber, Foto von der Kita, grünes Tonpapier, Kugelschreiber, kleine dünne Äste

Die pädagogische Fachkraft zeichnet einen Kreis mit ca. 5 cm Durchmesser in die Mitte des Fotokartons. Das Kind bemalt eine Handinnenfläche und macht damit Handabdrücke um den Kreis herum. Die Fingerspitzen, die die Blütenblätter darstellen, zeigen nach außen.

Das Kind schneidet sein Gesicht aus dem Foto aus und klebt es auf die getrocknete Blütenmitte.

Die pädagogische Fachkraft zeichnet eine Blütenform um die Fingerabdrücke, die das Kind ausschneidet.

Das Kind klebt einen kleinen, dünnen Ast unter den Handabdruck als Blumenstängel. Es schneidet Blätter aus dem grünen Tonpapier aus und klebt sie an den Stängel.

Die Fachkraft schreibt an das neue Kind einen Willkommensgruß von dem Kind auf der Blüte. Auf die Rückseite wird das Foto von der Kita in die Mitte geklebt.

Geteiltes Glück - geteiltes Pech

Bei diesem Würfelspiel spielen zwei bis vier Kinder gegen die pädagogische Fachkraft. Da die Chancen für beide Parteien gleich stehen, kommt es nicht auf Können, sondern nur auf das Würfelglück an.

Alter: ab 5 Jahren
Materialien: 3 Bögen weiße Pappe DIN A4, schwarzer Filzstift, 1-Cent-Münze, Bleistift, Buntstifte, evtl. Laminierfolie und Laminiergerät, 2 Würfel, 2 unterschiedliche Spielfiguren

Die pädagogische Fachkraft zeichnet auf zwei der Pappbögen jeweils 50 Kreise in einer Schlangenlinie von einer schmalen Kante zur anderen auf. Dazu dient die 1-Cent-Münze als Muster. Mit dem Filzstift werden die Kreise nachgezeichnet. Die Kinder malen mit den Buntstiften die Kreise an und zwar immer zehn in Folge in der gleichen Farbe. Die Reihenfolge soll auf beiden Bögen gleich sein. So kann man beim Spiel besser abschätzen, wie weit die Spielfigur schon gekommen ist.

Auf den dritten Bogen malen die Kinder im Querformat das Ziel. Das können z.B. eine Schatzkiste, ein Schloss, ein Wald, eine Blumenwiese oder ein Schiff sein.

Zur besseren Haltbarkeit werden die drei Bögen laminiert.

Spielanleitung:
Die Fachkraft und die Kinder sitzen sich an einem Tisch gegenüber. Vor ihnen liegt jeweils ein Spielplan mit den farbigen Kreisen und in der Mitte dazwischen quer der Bogen mit dem Ziel. Die Fachkraft erhält eine Spielfigur, die Kinder kriegen gemeinsam eine Spielfigur. Es wird abwechselnd gewürfelt. Die SpielerInnen bewegen sich nach der gewürfelten Augenzahl auf den Kreisen weiter. Ein Kind beginnt, dann ist die Fachkraft an der Reihe, dann das nächste Kind, danach wieder die Fachkraft usw. Nach jedem Kind darf also die Fachkraft einmal würfeln.
Wer zuerst die Mitte erreicht hat, ist SiegerIn. So gewinnen oder verlieren die Kinder gemeinsam gegen den Erwachsenen.

Hinweis: Als Highlight kann man in die Mitte auch einmal ein Schälchen mit Gummibären, Edelsteinen, Tattoos, Weintrauben etc. als Gewinn stellen.

„Das sind wir"

Mannschaften stärken sich vor Wettkämpfen mit Schlachtrufen und appellieren dadurch an ihren Teamgeist. Ein Zusammengehörigkeitsgefühl kann sich durch ähnliche Methoden auch in einer Kita-Gruppe verstärken. Die Hasen-Gruppe dient hier als Beispiel, andere Gruppennamen sind gut einsetzbar.

Gruppenlied

Das folgende Lied kann auch gruppenspezifisch weitergetextet werden.

Melodie: Alle Vögel sind schon da

Die Hasen-Gruppe, das sind wir, alle Hasen, alle!
Ob groß oder klein, wir halten zusamm',
wie ein mutiger Indianerstamm.
Die Hasen-Gruppe, das sind wir, alle Hasen, alle!
Die Hasen-Gruppe, das sind wir, alle Hasen, alle!
Streit und Zoff gehör'n auch mal dazu,
Hauptsach' ich sag: „Entschuldige, du!"
Die Hasen-Gruppe, das sind wir, alle Hasen, alle!

Begrüßungslied

Bei diesem Lied wird die erste Strophe so oft wiederholt, bis alle Kinder begrüßt worden sind.

Melodie: Fuchs, du hast die Gans gestohlen

Hallo alle Hasenleute, freut mich euch zu seh'n,
freut mich euch zu seh'n.
Frieda, Lukas sind auch da und das ist wunderschön,
Ben, Johanna sind auch da und das ist wunderschön. ...

Letzte Strophe

Hallo alle Hasenleute, mit euch ist's richtig toll,
mit euch ist's richtig toll.
Spielen, singen, lachen, turnen, wie ein Tag sein soll.
Bauen, toben, basteln, malen, wie ein Tag sein soll.

Schlachtruf

Die Hasen, die Hasen, ja, das sind wir!
Du und ich, wir spielen im Kindergarten hier!
Wir sind gut drauf
und passen auf uns auf!
Spaß haben wir hier jeden Tag,
was er uns auch bringen mag!
Denn: Die Hasen, die Hasen, das sind wir!!!

Wir feiern ein Gruppenfest

Das Gruppenfest wird von allen gemeinsam vorbereitet. Jedes Kind soll dazu zusammen mit einem Freund/einer Freundin oder mit mehreren FreundInnen etwas beitragen. Im Morgenkreis wird besprochen, was für das Fest wichtig ist, z. B. ein Gruppenfrühstück. Es bilden sich Teams (z. B. „Team Dekoration", „Team Essen", „Team Ablauf",), die gemeinsam überlegen, wie sie helfen können, ein richtig schönes Fest auf die Beine zu stellen.

Sicherlich hilft es, sich am Gruppennamen oder am aktuellen Thema zu orientieren.

Hier ist wieder das Beispiel der Hasen-Gruppe aufgeführt.

Team Dekoration - Hasen-Tischdecken

Alter: ab 2 Jahren
Material: Unterlage, weiße Papiertischdecken, braune und schwarze Fingerfarbe, Pinsel, Watte, Kleber

Auf einer Unterlage liegen die Papiertischdecken. Die pädagogische Fachkraft trägt mit Pinsel braune Farbe auf die Handinnenfläche und den Zeige- und Ringfinger der Kinder auf. Die Kinder drücken ihre Hände auf die Tischdecken und lassen die Handabdrücke trocknen.

Die Fachkraft trägt auf die Fingerkuppen der Kinder schwarze Farbe auf. Damit stellen die Kinder Augen und Schnäuzchen dar. Mit einem dünnen Pinsel werden die Barthaare gemalt.

Die Kinder kleben als Schwanz einen kleinen Wattebausch rechts oder links an den Hasenkörper.

Je nach Jahreszeit werden Blumen aus dem Garten gepflückt und auf dem Tisch zur Dekoration verwendet.

Team Essen - Hasen aus Hefe

Alter: ab 4 Jahren
Material: Rezept und Zutaten für einen Hefeteig, Hasenausstechform, Nudelholz, Backpinsel, Eigelb, Rosinen, ggf. Butter und Marmelade o. Ä.

Gemeinsam mit den Kindern wird ein Hefeteig zubereitet und ausgerollt. Die Kinder stechen mit der Ausstechform das Hasenmotiv aus. Sie bestreichen den Teig mit Eigelb und setzen die Rosinen für Augen und Schnäuzchen darauf. Wenn die Hasen gebacken und ausgekühlt sind, werden sie in Gefriertüten gepackt und eingefroren. So muss man am Tag des Gruppenfestes nur noch die Hasen im Backofen aufbacken.

Butter und Marmelade o. Ä. bereichern das Hasen-Frühstück.

Team Essen - Apfel-Karotten-Hasen

Alter: ab 4 Jahren
Material: Äpfel, Karotten, Gemüseschäler, Messer, Schneidbrett, Glas, Brot (sehr dünn in Scheiben geschnitten), Schnittlauch

Die Kinder waschen die Äpfel und Karotten. Sie putzen die Karotten, schälen sie und schneiden sie danach in Scheiben. Die Äpfel werden zu schmalen Spalten geschnitten.
Die Köpfe der Hasen werden mithilfe eines Glases aus dem Brot ausgestochen. Die Kinder legen zwei Apfelspalten als Ohren an den Kopf. Drei Karottenscheiben bilden Augen und Schnäuzchen. Zum Schluss fügen die Kinder Schnittlauch als Barthaare hinzu.

Team Ablauf – Organisation des Festes

Alter: ab 3 Jahren

Das „Team Ablauf“ hat u.a. organisatorische Aufgaben:

- Wie werden die Tische und Stühle angeordnet?
- Wie wird das Frühstück beendet?
- Das Team sucht einen Essensspruch oder ein Gruppenlied aus.
- Das Team deckt den Tisch.
- Das Team organisiert eine „Rede“ oder eventuell andere Überraschungen. Eine Möglichkeit wäre die Aufführung des folgenden Fingerspiels:

Ein Hasen-Fingerspiel

Alter: ab 3 Jahren

Es waren mal fünf Hasen,
Hand hochhalten
die mümmelten Heu und fraßen.
Sie wurden dick und richtig rund
schmatzen
und knabberten zu jeder Stund'.
Der erste rief: „Ich bin so dick!
dicken Bauch anzeigen
Ich finde mich gar nicht mehr schick.“
Der zweite rief: „Mein Bauch tut weh!
Bauch halten, Gesicht verziehen
Ich fraß zu viel vom grünen Klee.“
Der dritte rief: „Es rumort in meinem Bauch!
Hand ans Ohr halten
Ich fühl mich wie ein verstopfter Schlauch.“
Der vierte rief: „Ich pupse immerzu!
Pupsgeräusche machen
Drum haltet euch die Nasen zu.“
Der fünfte rief: „Beim Hasensport müsst ihr euch messen!“
Arme/Beine hochstrecken
Dann könnt ihr auch wieder etwas fressen.“
Bauch reiben

Wettspiele

Es ist ein natürliches Bestreben in jedem gruppendynamischen Vorgang sich miteinander zu messen. Besser, größer, schneller – diese Attribute streben Kinder an und verbalisieren sie auch oft. Dabei müssen sie dann auch aushalten können, mal der Verlierer zu sein.

Wettspiele in den Bewegungsstunden können hier helfen, die Frustrationstoleranz zu erhöhen. Außerdem erfahren Kinder, dass man sich im Team ergänzen kann, aber auch eigene Ansprüche und Wünsche zurücknehmen muss.

Bierdeckeltransport

Alter: ab 5 Jahren
Material: Kreide oder Malerkrepp, 2 Gymnastikreifen, 2 Bierdeckel, pro Kind eine Wäscheklammer

Die Kinder bilden zwei Teams. Mit Kreide oder Malerkrepp markiert die Spielleitung eine Startlinie. Die Teams stellen sich jeweils in einer Reihe hintereinander an der Startlinie auf. Im Abstand von 8–10 m liegt gegenüber jedem Team ein Gymnastikreifen auf dem Boden. Das erste Kind jedes Teams erhält nun einen Bierdeckel, den es mit der Wäscheklammer festhalten muss.

Auf ein Startsignal hin laufen die beiden ersten Teammitglieder los, umrunden den Gymnastikreifen, laufen zurück und übergeben den Bierdeckel an das nächste Teammitglied. Dies darf aber nur mit den Wäscheklammern geschehen. Die Hände dürfen die Bierdeckel nicht berühren.

Das Team, von dem zuerst alle SpielerInnen einmal an der Reihe waren, hat gewonnen.

Kissentransport

Alter: ab 5 Jahren
Material: Kreide oder Malerkrepp, 2 Gymnastikreifen, 2 Kissen

Die Kinder bilden zwei Teams. Die Spielleitung markiert mit Kreide oder Malerkrepp eine Startlinie. An der Linie stellen sich die Teams jeweils in einer Reihe hintereinander auf. Gegenüber von jedem Team liegt im Abstand von 8–10 m ein Gymnastikreifen auf dem Boden. Das erste Kind jedes Teams legt sich auf den Bauch und bekommt ein Kissen auf den Rücken gelegt. Auf das Startzeichen hin müssen beide Kinder bis zum Gymnastikreifen robben, diesen umrunden, zurückrobben und die Ziellinie überqueren. Nun legt sich jeweils das zweite Teammitglied hin, bekommt das Kissen auf den Rücken und robbt los.

Das Team, von dem zuerst alle Spieler einmal an der Reihe waren, hat gewonnen.

Gegenstände weitergeben

Alter: ab 5 Jahren
Material: Kreide oder Malerkrepp, 4 kleine Körbe oder Kisten, pro Mannschaft sechs unterschiedliche Gegenstände, für Kinderhände greifbar (z. B. Löffel, Tauchring, Klangstab, Styroporkugel, Legostein, Bohnensäckchen),

Die Kinder bilden zwei Teams. Mit Kreide oder Malerkrepp markiert die Spielleitung zwei Linien im Abstand von ca. 3 m parallel zueinander. An jeder Linie stellt sich ein Team auf. Dabei stehen die Kinder nebeneinander und schauen die gegnerische Mannschaft an. Neben dem ersten Teammitglied wird jeweils ein Korb mit Gegenständen platziert und neben dem letzten Mitglied ein leerer Korb.

Auf ein Startsignal hin nimmt das erste Kind einen Gegenstand aus dem Korb, gibt ihn an seinen Nachbarn weiter, dieser an seinen etc. Das letzte Kind wirft den Gegenstand in den leeren Korb und ruft dann den Namen des ersten Kindes in seiner Reihe. Dies ist das Zeichen dafür, dass der nächste Gegenstand auf die Reise geschickt werden darf.

Das Team, das zuerst alle Gegenstände von einem Korb zum anderen durchgegeben hat, ist Sieger.

Der Weg zueinander

Diese kleine Übung können pädagogische Fachkräfte im Tagesablauf immer wieder einmal einstreuen, zu Beginn oder zum Ende einer Bewegungsstunde einbauen oder als Versöhnungsritual einführen. Symbolisch gehen hierbei zwei Menschen aufeinander zu. Dabei ist es unwichtig, ob sie sich in der Mitte treffen, ob der eine schneller als der andere ist oder wo die Ausgangspunkte jeweils liegen.

Alter: ab 5 Jahren
Material: 6 Bierdeckel; evtl. viele Bierdeckel, 2 Körbe

Zwei Kinder stehen sich in einem Abstand von ca. 10 m gegenüber. Jedes Kind bekommt drei Bierdeckel. Auf einen Bierdeckel stellen sich beide Kinder jeweils mit einem Fuß. Den zweiten legen sie mit etwas Abstand vor sich hin und treten mit dem zweiten Fuß darauf. Sie platzieren den dritten Bierdeckel vor den vorderen Fuß und betreten ihn dann mit dem hinteren Fuß. Der so frei gewordene letzte Bierdeckel wird aufgenommen und wieder nach vorne gelegt. So bewegen sich beide Kinder aufeinander zu. Treffen sich beide, umarmen sie sich.

Variante

Die beiden Kinder stehen sich in einem Astand von ca. 10 m gegenüber. Jedes Kind bekommt einen Korb voll mit Bierdeckeln. Die Kinder

beginnen, Bierdeckel an Bierdeckel, einen Weg zu legen, der zu dem Weg des anderen Kindes hinführt. Dabei müssen sie sich immer wieder orientieren und die Richtung einhalten.

Treffen die Bierdeckel aufeinander und der Weg hat keine Unterbrechungen mehr, klatschen die beiden Kinder sich ab.

Partnerangebote für das Außengelände

Zwei Kinder als Partner bewältigen immer gemeinsam diese Aufgaben. Deshalb ist eine gerade Anzahl von Teilnehmern wichtig.

Zwillinge

Alter: ab 4 Jahren
Material: Straßenkreide, Bildkarten, auf denen Körperteile abgebildet sind

Mit der Straßenkreide malt die Spielleitung eine Startlinie und in ca. 8 m Abstand eine Ziellinie auf. Die Kinder stehen paarweise hintereinander an der Startlinie. Die Spielleitung zeigt dem ersten Paar eine Karte. Mit dem Körperteil, das auf der Karte abgebildet ist, sind die Kinder aneinander „festgeklebt". Sie bleiben auf dem Weg zum Ziel ständig mit dem entsprechenden Körperteil des anderen Kindes in Kontakt. Hat das erste Paar die Ziellinie überquert, geht das nächste Paar mit der gleichen Aufgabe los. Haben alle Paare die erste Aufgabe bewältigt, gibt es die nächste. Ein anderes Paar beginnt.

Hinweis: Die Paare starten nacheinander, damit es keinen Wettstreit und keine Konkurrenz gibt.

Sandspielzeug-transport

Alter: ab 4 Jahren
Material: Straßenkreide, zwei gleich lange Stöcke (ca. 1 m), Sandspielzeug

Die Spielleitung malt mit der Straßenkreide eine Startlinie und in 10 m Abstand eine Wendemarke auf. Jeweils zwei Kinder finden sich zu einem Paar zusammen. Jedes Kind nimmt in eine Hand jeweils ein Ende eines Stocks (wie eine Trage). Der Spielleiter legt ein Sandspielzeug auf die Stöcke und die Kinder transportieren dieses einmal bis zum Wendepunkt und zurück. Danach übergeben sie die komplette „Transporteinheit" an das nächste Paar.

Spielplatzkunst

Alter: ab 3 Jahren
Material: pro Paar ein kleiner Korb oder Karton, Naturgarn, Scheren, Fotoapparat

Jedes Team sucht sich einen nicht zu dicken Baum auf dem Außengelände aus. Mit dem Korb bzw. Karton geht es dann auf die Suche nach schönen Blättern, Zapfen, Steinen, Rindenstücke, Gräsern etc. Diese Naturmaterialien dienen zum Gestalten des Baumes/Baumstammes. Mit dem Naturgarn wickeln die Kinder die Naturmaterialien am Stamm fest oder hängen sie an den Ästen auf.

Die Kinder geben ihrem Kunstwerk einen Namen. Für das Portfolio wird das Kunstwerk mit seinen SchöpferInnen fotografiert.

Hinweise: Wenn die aufgehängten Naturmaterialien keine Gefahr darstellen (auch nicht für Tiere), kann das Kunstwerk lange bestehen bleiben, andernfalls muss es anschließend wieder abgeräumt werden.

Empathie und Verständnis-entwicklung

Der Begriff „Empathie" leitet sich aus dem griechischen Wort „empatheia" ab und bedeutet „Einfühlung". Dabei geht es nicht darum, die Gedanken und Emotionen anderer aus der eigenen Sicht zu bewerten, sondern zu versuchen, zu verstehen, was der andere fühlt und was ihn bewegt.

Biologisch möglich ist dies durch sogenannte Spiegelneuronen in unserem Gehirn, die unbewusst funktionieren. Durch diese Spiegelneuronen fühlen wir beim Beobachten einer Situation das Gleiche, als würde es uns selbst betreffen. Das bedeutet allerdings auch, dass wir empathische Erfahrungen erst selbst kennengelernt haben müssen, bevor die betreffenden Neuronen überhaupt etwas spiegeln können.

ForscherInnen gehen davon aus, dass zwischen dem 3. und 4. Lebensjahr die Spiegelneuronen voll entwickelt sind. Sie machen allerdings keinen Unterschied zwischen positiven und negativen Gefühlen und Erfahrungen. So werden natürlich z. B. auch Aggressionen, Abneigungen, Vorurteile und übergroße Ängste gespiegelt. Das Vorbild von Erwachsenen und von einer empathisch geprägten Beziehung ist daher für die Kinder enorm wichtig (vgl. Kasten 2013).

Um empathisch sein zu können, benötigen Menschen aber nicht nur die Fähigkeit, sich in andere hinversetzen zu können, sondern auch die kognitiven Möglichkeit zu erkennen, dass es sich bei den wahrgenommenen Gefühlen nicht um eigene Empfindungen, sondern um die Gefühle einer anderen Person handelt. Weiterhin spielen Werte und Handlungskontrolle eine große Rolle, um nicht die erkannten Gefühle für unser Gegenüber grausam auszunutzen.

Gesprächsregeln

Sich ernst genommen und angehört zu fühlen ist ein Grundbedürfnis nicht nur für Kinder, sondern auch für uns Erwachsene. Um verbal miteinander zu kommunizieren, bedarf es daher einiger Regeln. Einfache Grundregeln können auch schon die Kinder im Kita-Alter anwenden und beherrschen. Diese Regeln helfen ihnen, ihr Gegenüber besser zu verstehen, aber auch, von anderen besser verstanden zu werden.

Das pädagogische Team erarbeitet gemeinsam mit den Kindern fünf wichtige Grundregeln und gestaltet diese als Plakat für die Gruppe. So sind die Regeln immer sichtbar und man kann jederzeit darauf hinweisen. Regelvorschläge:

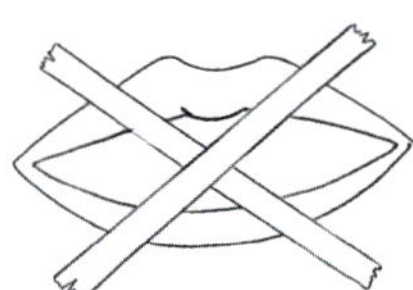

- Wir sprechen nicht, wenn ein anderer redet und lassen den anderen ausreden. (Symbol: ein durchgestrichener Mund)

- Wir drehen unseren Körper dem anderen zu. (Symbol: zwei Körper im seitlichen Profil)

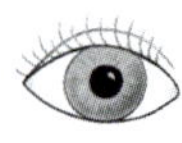

- Wir schauen den anderen direkt an. (Symbol: zwei Augen)

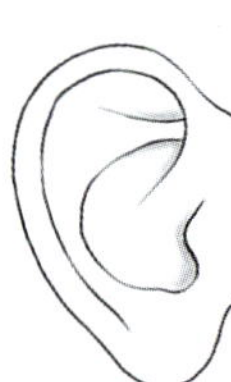

- Wir hören dem anderen gut zu. Wir beschäftigen uns nicht mit etwas anderem, während jemand uns etwas erzählt. Wenn wir etwas nicht verstehen, fragen wir nach, weil wir uns interessieren. (Symbol: ein Ohr)

- Wir reden nicht ununterbrochen und lassen andere auch zu Wort kommen. Wir geben das Wort weiter, wenn wir fertig sind. (Symbol: eine Uhr)

Alter: ab 3 Jahren
Material: 1 Bogen Tonpapier, schwarzer Permanentmarker, Kopiervorlagen „Gesprächsregeln" S. 83 f., Kopierer, Scheren, Buntstifte, Klebstoff

Der Tonkarton wird im Querformat genutzt. Die pädagogische Fachkraft malt in die Mitte des Bogens eine große Hand mit gespreizten Fingern. In diese Hand schreibt sie den Namen der Gruppe oder die Namen aller Kinder. Alternativ kann sie auch ein Bild des Gruppenmaskottchens in die Hand kleben.

Die Fachkraft kopiert die Symbole für die Gesprächsregeln. Die Kinder schneiden die kopierten Symbole aus und malen sie an. Sie kleben über jeden Finger auf dem Plakat ein Symbol.

Die „Gut und Schlecht"-Kelle

Diese Kelle nutzen die Kinder, um im Stuhlkreis aber auch im Laufe des Gruppenalltags anzuzeigen, ob ihnen etwas gefallen hat oder nicht.

Alter: ab 3 Jahren
Material: weiße Pappe, Schere, Wachsmalstifte, Heißkleber, großer Holzlöffel

Die Kinder schneiden aus der Pappe zwei Kreise mit ca. 10 cm Durchmesser aus. Der eine Kreis erhält ein lachendes Gesicht, der andere ein trauriges oder unzufriedenes Gesicht. Die pädagogische Fachkraft klebt die Gesichter mit Heißkleber rechts und links auf die Rührfläche des Kochlöffels.

Hinweise: Zur Einführung ist es wichtig, die Kinder darauf hinzuweisen, dass die Seite, die sie selbst sehen, nicht die Seite ist, die das Gefühl beschreiben soll. Besonders jüngere Kinder müssen das erst noch üben.

Die Kinder können die Kelle auch bei Abstimmungen nutzen. Sie zeigen damit, ob sie für etwas oder dagegen stimmen und geben die Kelle dann an das nächste Kind weiter. Die pädagogische Fachkraft macht dazu jeweils einen Strich auf einer Liste und kann so hinterher das Ergebnis präsentieren.

Ritual

Alter: ab 2 Jahren

Einmal in der Woche, z.B. zum Wochenanfang, kommt dieses Ritual zum Einsatz. Dazu sprechen alle zu Beginn des Sitzkreises folgenden Spruch und kombinieren ihn mit Bewegungen:

„Guten Morgen, ihr Leute,
wie geht es euch heute?
Einander zunicken
Ist alles ok?
Oder tut euch was weh?
Arme nach vorne strecken, Handflächen nach oben
Wer möchte, der darf uns das jetzt gerne sagen,
Mit dem Zeigefinger in die Runde zeigen
sonst machen die Sorgen noch Knoten im Magen."
Mit der Faust vor dem Bauch kreisen

Kinder, die kurz etwas zu sich sagen möchten, haben jetzt die Gelegenheit dazu. Danach beenden alle gemeinsam den Spruch:
„Ihr habt es gehört, … ist (sind) nicht so gut drauf.
Hände vor der Brust kreuzen und nach unten blicken
Drum passen wir heute ganz gut auf ihn/sie auf."
Sich selbst umarmen

Wird das Ritual im Abschlusskreis durchgeführt, beginnt der Spruch folgendermaßen:
„Hallo, liebe Leute, wie war der Tag heute?"
Er endet mit:
„Ihr habt es gehört, für … war's heute nicht schön.
Wir denken an dich, bis zum Wiedersehen."

Geht es allen gut, endet der Spruch folgendermaßen:
„Seht her, heut geht es uns allen ganz gut. Das ist einfach super und macht frohen Mut!"
Arme in die Luft strecken wie bei einem Jubel

Wochengeschichte in Sequenzen

Diese Geschichte wird auf fünf Tage verteilt vorgelesen. Währenddessen haben die Kinder die Möglichkeit, sich in die Geschichte einzufinden und zu überlegen, wie die Geschichte weitergehen könnte oder was sie dabei besonders anspricht.

Alter: ab 4 Jahren

Die Ritterburg

Montag

Wie jeden Morgen kommt ein Kind nach dem anderen in die Regenbogengruppe. Fritz ist einer der ersten. Er ist ein Schulanfänger und schon sechs Jahre alt. Fritz spielt bereits in der Bauecke, als Julian dazu kommt. „Kann ich mitspielen?", fragt er. Fritz nickt und Julian schlägt vor, dass sie eine Parkgarage bauen. „Das ist doch langweilig", meint Fritz. „Ich baue lieber eine Ritterburg. Hol doch mal die großen Bausteine", sagt er zu Julian. Der schleppt die Kisten mit den großen Bausteinen an und Fritz legt los.

Julian legt auch die ersten Steine und Fritz erzählt, dass er einen roten Ritter zu Hause hat. Als er sieht, dass Julian begonnen hat, einen Burggraben zu bauen, schüttelt er den Kopf: „Der Burggraben kommt doch erst zum Schluss, mach das mal wieder weg." Julian räumt die Bauklötze zur Seite und sieht zu, wie Fritz das Burgtor baut. Der kann das richtig gut, denkt Julian. „Hol mir mal die Holzlatten", fordert Fritz ihn auf. Julian bringt ihm drei Holzlatten und Fritz seufzt: „Oh Mann, mit so wenigen kann ich nichts anfangen. Bring mir noch mehr."

Julian möchte jetzt einen Burgturm bauen und beginnt Stein auf Stein zu stapeln. Fritz ist immer noch mit der Mauer beschäftigt. Als er aufsieht, erblickt er Julians Turm. „Der ist ja total schief geworden. Oh, alles muss man selber machen." Er stößt Julians Turm um und baut ihn wieder auf, sogar noch größer als Julians. Dann kümmert er sich wieder um die Burgmauer. Bald hat Fritz sie rundherum gebaut. Julian überlegt, was er noch tun könnte. Er hat eine Idee. Eine Brücke über den Burggraben wäre doch gut. Er legt Holzlatten Seite an Seite vors Burgtor. Als Fritz das bemerkt, motzt er: „Mensch, die Brücke wollte doch ich bauen. Außerdem soll sie ganz anders aussehen. Nicht so."

Julian dreht sich um. Er hat keine Lust mehr. „Also wenn du schon nicht mehr mitspielst, dann kannst du wenigstens aufräumen, Julian!" „Räum doch selber auf", gibt Julian zurück. Fritz ruft nach Angela, der Erzieherin.

Wie geht es weiter?

Dienstag

Angela kommt hinzu, als Julian gerade die Bauecke verlässt. „Julian hat nicht aufgeräumt", schreit Fritz. „Ja, weil du mich nicht mitmachen lässt", sagt Julian. „Habt ihr nicht zusammen gespielt?", fragt Angela. „Ja klar, er hat alle Klötze rausgeholt und sie in der Bauecke verteilt", ruft Fritz. „Aber du wolltest doch, dass ich sie für dich hole. Und alles, was ich gebaut habe, hast du wieder kaputt gemacht: den Burggraben, den Turm und die Brücke." Julian hat Tränen in den Augen. „Ja, wenn du es halt vermasselst." Fritz stemmt die Arme in die Hüften.

Angela setzt sich zu ihnen in die Bauecke. „Jungs, jetzt hört euch mal zu. Julian, sag Fritz doch einmal, was dich traurig macht." Julian wischt die Tränen weg. „Ich hab' richtig gute Ideen gehabt und mir echt Mühe gegeben und du hast alles kaputt gemacht. Und außerdem sollte ich dir Latten und Klötze holen und du hast alles allein gebaut. Und jetzt soll ich alles aufräumen. Das mach' ich nicht." Angela sieht zu Fritz. „Und was meinst du dazu?" Fritz sagt: „Er hat gefragt, ob er mitspielen darf. Und ich hab' gleich gesagt, dass ich eine Ritterburg bauen will. Wenn er das nicht kann, ist er selbst schuld." Angela schaut Fritz in die Augen: „Vielleicht habt ihr ganz unterschiedliche Vorstellungen von einer Burg. Jeder baut sie etwas anders. Und Julian kann das auch. Redet doch miteinander über eure Ideen und teilt euch auf, wer was macht oder baut alles miteinander. Dann könnte doch eine prima Burg entstehen."

Fritz überlegt, dann schlägt er vor: „Wollen wir die restlichen Bausteine zusammen verbauen?" Julian nickt und die beiden machen sich ans Werk. Sie bauen den halben Vormittag weiter. Als die Burg fast fertig ist, flitzt Noah, Julians Freund, durch den Gruppenraum in die Bauecke und will sich hinter einem Regal verstecken. Dabei stößt er an den großen Lastwagen und der rollt genau auf die Ritterburg zu. Ein Riesenkrach ist zu hören.

Wie geht es weiter?

Mittwoch

Die Burg fällt zusammen. Entsetzt starren Julian und Fritz auf den Trümmerhaufen. Nur ein Teil der Burgmauer ist noch stehen geblieben. Die schöne Burg, die ganze Arbeit! „ He, du Blödmann! Geht's noch?" Fritz ist außer sich vor Wut. Mit hochrotem Kopf baut er sich vor Noah auf. Auch Julian stellt sich neben ihn und auch er sieht zornig aus. „Noah, spinnst du? Du hast unsere ganze Burg zerstört." Noah ruft: „Das hab' ich nicht gemacht. Ich hab' die Burg nicht angefasst." „Doch hast du!" Für Fritz ist das zu viel: „Du Feigling!" Er schubst Noah. Der fällt auf den Boden und schlägt sich den Kopf an der Bausteinkiste an. Er heult los und läuft zu Angela: „Fritz hat mir wehgetan!" „Noah hat unsere Burg vernichtet. Wir haben so lange daran gebaut", nimmt Julian Fritz in Schutz.

Angela sieht sich zunächst mal Noahs Beule an. „Fritz, hol bitte ein Kühlpack." Dann setzt sie sich mit Noah auf den Boden. Fritz kommt mit dem Kühlpack zurück. Er ist immer noch sauer. „Was ist passiert?", will Angela wissen. Julian erzählt: „Wir waren fast mit der Burg fertig, da ist Noah vorbeigerannt und die Burg ist zusammengefallen." „Aber das stimmt doch gar nicht!", widerspricht Noah. „Doch, du hast nicht aufgepasst und Rennen in der Bauecke ist verboten." Fritz ärgert sich, dass Noah seinen Fehler nicht zugibt. „Aber das war doch nicht extra! Das ist aus Versehen passiert, weil da der blöde Lastwagen war", protestiert Noah.

Angela sieht von einem zum anderen. „Fritz, ich kann verstehen, wenn du wütend bist, aber schubsen darfst du deshalb nicht. Das hätte ganz anders ausgehen können." Noahs Beule an der Stirn wird immer größer. „Das war doch nicht mit Absicht", verteidigt Julian Fritz. „Trotzdem, das geht nicht", sagt Angela ruhig. Fritz entschuldigt sich, denn die Beule auf der Stirn von Noah zeigt klar, dass er eine Grenze überschritten hat.

„Und was wird jetzt aus dem Baustein-Chaos?", fragt Angela. Kleinlaut sagt Noah: „Ich helfe aufräumen." Doch Julian schüttelt den Kopf. „Spiel du weiter Verstecken. Ich bau mit Fritz die Burg wieder auf." Fritz freut sich darüber. Noah sieht, wie die beiden wieder den Bau der Ritterburg planen. „Dann baut doch eure blöde Burg. Du bist nicht mehr mein Freund, Julian." Er dreht sich um und geht.

Wie geht es weiter?

Donnerstag

Während Julian und Fritz die Burg Stück für Stück wieder aufbauen, setzt sich Noah an den Frühstückstisch und erzählt den anderen Kindern vom blöden Fritz, der ihn gehauen hat. „Der Fritz war's und Julian nimmt ihn auch noch in Schutz. Und das alles nur wegen einer blöden Ritterburg." Noah ärgert sich mehr über Julian als über Fritz. Er schlürft seinen Tee und meint zu Johannes: „Weißt du was, lass uns im Garten Fußball spielen und du bist unser neuer Torwart. Soll Julian doch zum Bauarbeiter werden, ha!"

Johannes wundert sich. Sonst darf kein anderer Torwart sein als Julian. Denn der ist richtig gut, das wissen alle. Und jeder weiß auch, dass Julian und Noah ganz enge Freunde sind. Sie treffen sich auch oft nach dem Kindergarten.

Als Noah Angela nach den Torwarthandschuhen fragt, sieht Julian, wie diese die Torwarthandschuhe Johannes in die Hand drückt. „Nanu, das ist ja schön, dass du heute auch mal Torwart sein darfst, Johannes. Noah, wie geht's deiner Beule?" „Schon viel besser! Ich merke gar nichts mehr." Angela nickt: „Man merkt es. Aber Noah, nicht zu wild und keine Kopfbälle okay? Viel Spaß euch beiden". Und schon sind sie auf dem Weg nach draußen.

Vom Fenster aus kann Julian sehen, wie Noah Elfmeter gegen Johannes übt. Johannes macht das gar nicht schlecht. Eigentlich würde er auch gerne Fußball spielen, aber nicht mit Noah. Er schaut zu Fritz und hilft ihm beim Wiederaufbau weiter. Irgendwie hat er aber gar keine Lust mehr.

Wie geht es weiter?

Freitag

Der Vormittag ist schon zu Ende und es ist Zeit für den Abschlusskreis. Die Ritterburg steht und ist noch schöner geworden als zuvor. Und Johannes und Noah haben das Fußballspiel gegen die Jungen aus der Sonnengruppe gewonnen.

Angela holt die Smileytafeln mit den verschieden Gefühlen aus dem Schrank. „Wie war euer Tag heute?", heißt das Spiel. Jedes Kind darf sich ein oder zwei Tafeln holen und von seinem Tag erzählen. Fritz beginnt: „Ich war heute voll wütend auf Noah, weil er unsere Burg kaputt gemacht hat. Und auch ein bisschen auf mich selbst wegen der Beule". Er zeigt den orangen, wütenden Smiley. Dann kommt der fröhliche Smiley zum Vorschein: „Und toll war, dass ich mit Julian so eine coole Burg gebaut habe."

Nun ist Julian an der Reihe und holt den traurigen und fröhlichen Smiley. „Ich bin traurig, dass Noah nicht mehr mein Freund sein will. Aber ich freu mich auch, dass Fritz und ich uns vertragen haben."

Johannes ist dran, er zeigt den lachenden Smiley. „Also ich fand den Tag gut, weil ich heute mal Torwart sein durfte und ich mit Noah das Fußballspiel gewonnen hab'. Das war echt super." Er gibt die Tafeln an Noah weiter.

Der zeigt einen verärgerten Smiley. „Ich hab' mich geärgert, dass Fritz mich geschubst hat und dass Julian heute nur mit ihm gespielt hat." Dann zeigt er noch kurz den lachenden Smiley: „Mit Johannes konnte ich heute richtig super Fußball spielen."

Andere Kinder kommen auch an die Reihe. Zum Schluss erklärt Angela: „Alle Gefühle sind wichtig, manche fühlen sich einfach nicht gut an, aber wenn man drüber redet, können sich Gefühle auch zum Guten wenden."

Spiegelbilder

Diese Übung erfordert genaues Hinsehen und genaues Beobachten.

Lebendiger Spiegel

Alter: ab 4 Jahren

Zwei Kinder stehen sich im Abstand von ca. 50 cm gegenüber und schauen sich an. Der Abstand muss für beide angenehm sein. Ein Kind verändert seine Körperhaltung und/oder seine Mimik. Das andere Kind muss diese neue Positur genau spiegelverkehrt einnehmen. Dann dürfen sich beide einmal schütteln und das andere Kind macht eine Gestik oder Mimik vor, die wiederum von seinem Gegenüber gespiegelt wird.

Varianten

Hinter dem Kind, das die Spiegelfigur nachmachen muss, stehen noch mehrere Kinder, die ebenfalls die Darstellung spiegeln.

Bei einer einfacheren Variante sitzen die Kinder sich bei der Übung an einem Tisch gegenüber. Das fällt vielen Kindern leichter und ist für jüngere Kinder besser geeignet.

Schau hin – mach nach

Alter: ab 5 Jahren
Material: Fotokarten mit Gefühlsausdrücken, Tisch

Die Karten liegen mit dem Bild nach unten auf einem Stapel in der Mitte des Tisches. Das erste Kind zieht eine Karte und schaut sie sich verdeckt an. Es macht den Ausdruck, der auf der Karte gezeigt wird nach. Das andere Kind spiegelt den Ausdruck. Nach jeder Karte wechseln die Kinder die Rollen.

Variante für etwas jüngere Kinder

Ein Kind dreht die erste Karte für beide Kinder sichtbar um. Beide Kinder machen nun den Gefühlsausdruck nach und nähern sich dabei so weit an, dass das Bild übereinstimmt.

Bilder gemeinsam interpretieren

Warum sieht jemand traurig aus, strahlt über das ganze Gesicht, lässt die Schultern hängen oder zieht die Stirn in Falten? Gesichtsausdrücke geben Aufschluss über Gefühle und Empfindungen von Menschen. Um diese auch richtig zu interpretieren und angemessen darauf zu reagieren, muss man die Mimik deuten können.

Alter: ab 5 Jahren
Material: alte Zeitschriften, Karteikarten DIN A5, Schere, Klebstoff, Schreibpapier, Kugelschreiber

Aus Zeitschriften schneidet die pädagogische Fachkraft Bilder aus, auf denen deutliche Gefühlsregungen zu erkennen sind. Die Kinder kleben jeweils auf eine Karteikarte ein Bild. Diese Karten werden als Grundlage für Gespräche genutzt:

- Was siehst du?
- Was glaubst du, fühlt und denkt dieser Mensch gerade?
- Was könnte der Mensch erlebt haben?
- Wie geht es diesem Menschen dabei?
- Kennst du so eine Situation?

Die Kinder diktieren ihre eigene Geschichte zu dem jeweiligen Bild. Die Geschichten werden dann mit den dazugehörigen Bildern in der Kita-Halle oder in der Garderobe ausgehängt, sodass auch die Eltern einen Einblick bekommen können.

Sprachspiel mit Bewegung

Alter: ab 4 Jahren

Tim und Tom

Beste Freunde sind Tim und Tom,
Beide Zeigefinger zeigen
und das seit zwei Jahren schon.
„Zwei" anzeigen
Sie spielen Verstecken und Fangen
Hände hinter dem Rücken verbergen
und gehen mit ihren Papas angeln.
Beide Zeigefinger beugen
Eines Tages, sie sitzen am See,
ruft's vom ander'n Ufer: „Tim! Juchhe!"
Hände um den Mund formen
Da steht der Kalle, der Nachbar von Tim
und Tim springt ins Wasser,
schwimmt zu ihm hin.
Schwimmbewegungen machen
Kalle baut grad einen Wasserstaudamm.
Fingerspitzen vor dem Körper bilden eine Linie
Tim staunt: Oh, was der alles kann!
Und dann hilft Tim beim Bauen mit.
Hände höher versetzen
Der Damm wird größer, Stück für Stück.
Und Tom? Den hat Tim total vergessen
und Tom ist richtig angefressen.
Verärgert schauen
Erst ist er sauer, dann fühlt er sich klein.
Hände vor den Körper halten
Es ist nicht schön, ohne Tim hier zu sein.
Traurig schauen
Tom kann es gar nicht fassen,
Tim hat ihn einfach allein gelassen.
In seine Hände vergräbt Tom sein Gesicht.
Hände vor's Gesicht halten
Nein, natürlich weint er nicht.
Kopf schütteln
Doch dann ist das Gesicht von Tränen nass.
Tom schämt sich, versteckt sich im hohen Gras.
Kopf hinter den Armen verstecken

Während Tim am Staudamm baut,
er ans andere Ufer schaut.
Hand an die Stirn halten
„Wo ist Tom?", denkt er sich.
Mit den Schultern zucken
„Ist er gegangen ohne mich?"
„To-o-om, To-o-om", rufen die Väterstimmen.
Tim kriegt Angst. Tom kann nicht schwimmen.
Ängstlich schauen
„To-o-om", brüllt auch er so laut er kann.
Hände um den Mund formen
„Zuletzt hab' ich Tom gesehen, wann?"
Tim bekommt Angst, blickt über den See.
Hand an die Stirn halten
Er schwimmt rüber und dann sieht er …
Tom sitzt im hohen Gras und weint.
Finger über die Wange hinabstreichen
Er ist unverletzt, wie es scheint.
Tim ruft: „Warum spielst du hier Verstecken?
Hände hinter den Rücken legen
Ich konnte dich nirgendwo entdecken."
Tom schreit: „Warum spielst du mit diesem Typ
Auf ein anderes Kind zeigen
und lässt mich allein zurück?"
Tim fragt: „Du warst traurig wegen Kalle?
Ja, hast du sie denn noch alle?"
Mit dem Finger an die Stirn tippen
„Sind wir noch ein Team?" fragt Tom.
„Na klar", grinst Tim, „und jetzt komm!"
Mit der Hand zu sich winken
Zusammen raufen sie im Gras
und spritzen sich im Wasser nass.
Finger vor dem Körper spreizen und ausschütteln

Trostpflaster

Trost kann sehr vielfältig sein. Kinder fühlen mit, wenn Freunde weinen oder unglücklich sind und wollen ihnen helfen. Manchmal geht es nicht ohne die Hilfe der Erwachsenen. Aber ein Trostpflaster kann jedes Kind verteilen.

Alter: ab 3 Jahren
Material: kleiner Karton mit Deckel, Heftpflaster, Bierdeckel, Bleistift, Papier, Schere, Wachsmalstifte, Kleber

Die Kinder bekleben den Karton mit Heftpflaster. Mittels eines Bierdeckels zeichnen sie einen Kreis auf das Papier und schneiden diesen aus. Darauf malen sie ein fröhliches Gesicht. Dieses kleben sie auf den Bierdeckel und diesen dann auf den Deckel der Pflasterkiste. Diese wird nun gefüllt, z. B. mit Gummibärchen, Beschützerstein, Gutschein fürs Aufräumen o. Ä.

Hinweis: Der Inhalt dieser Kiste kann gut im Morgenkreis oder Gruppenrat besprochen werden.

Beschützerstein

Alter: ab 4 Jahren
Material: Schmierseife (Goldseife), heißes Wasser, Schüssel, Schneebesen, Murmel, Edelstein oder schöner Kiesel, bunte Filzwolle im Flies oder Märchenwolle, Handtuch, Plastikschürze

Die pädagogische Fachkraft löst 2 EL Schmierseife in knapp 2 l heißem Wasser auf. Mit einem Schneebesen rührt sie alles um (nicht zu kräftig schlagen, damit die Masse nicht zu schaumig wird).

Die Seifenlauge muss so weit abkühlen, dass die Kinder hineinfassen können.

Die Kinder wickeln Murmel, Edelstein oder Kiesel fest in etwas Filzwolle ein. Sie tauchen alles kurz in das warme Seifenwasser ein und rollen vorsichtig in den Händen eine Kugel daraus. Die Hände werden immer wieder in die Seifenlauge getaucht, um die Kugel damit einzureiben, zuerst vorsichtig, aber später mit festem Druck.

Ist die Wolle gut verfilzt, legen die Kinder mit trockenen Händen eine zweite Schicht Wolle in einer anderen Farbe auf, reiben diese mit Seifenlauge ein und rollen mit Druck die Kugel weiter zwischen den Händen.

Diesen Vorgang wiederholen die Kinder noch zweimal. Die feste Filzkugel spülen die Kinder so lange unter fließendem Wasser aus, bis keine Seifenreste mehr vorhanden sind und drücken sie gut aus.

Die Kugel an einem warmen Ort, aber nicht direkt auf der Heizung oder in der prallen Sonne, trocknen lassen. Das kann zwei bis vier Tage dauern.

Die Kinder können ihren Talisman nun als Beschützer immer bei sich tragen.

Wie gut kennen wir uns?

Alter: ab 5 Jahren
Material: Fotokarton rot und grün, Bleistift, Schere, Permanentmarker, Heißkleber, vier Stöcke, Karteikarten, Kugelschreiber, ; evtl. Murmeln

Die Kinder zeichnen jeweils zwei Kreise auf den roten und grünen Fotokarton und schneiden diese aus. Auf die grünen Kreise malen sie mit einem Permanentmarker ein lachendes Gesicht, auf die roten Kreise ein trauriges Gesicht. Die pädagogische Fachkraft klebt jeden Kreis mit Heißkleber an einen Stock.

Sie beschriftet die Karteikarten mit Fragen, z. B.:

- Spielt ... gerne mit Mädchen?
- Mag ... Reis?
- Verkleidet sich ... gern?
- Ist ... Lieblingsfarbe blau?
- Hat ... ein Haustier?
- Mag ... Fußball?
- Hilft ... anderen Kindern?
- Hat ... eine Schwester?
- Wird ... schnell wütend?
- Spielt ... gerne mit Autos?
- Ist ... schüchtern?
- Kommt ... zu Fuß zum Kindergarten?
- Wo war ... zuletzt im Urlaub?
- Was ist ... größter Wunsch zum Geburtstag?
- Was isst ... am liebsten?
- Mit was spielt ... am liebsten im Kindergarten?

Ablauf:
Zu Beginn des Spiels setzen sich zwei befreundete Kinder mit dem Rücken zueinander hin, sodass sie sich nicht sehen. An beide Kinder werden nun Fragen gestellt, die sie gleichzeitig mit den Smiley-Tafeln, also nur mit JA oder NEIN, beantworten. Für jede Übereinstimmung gibt es einen Punkt.

Variante für Kinder ab 6 Jahren

Zwei befreundete Kinder werden ausgewählt. Eins sitzt in der Mitte des Kreises, das andere geht vor die Tür: Nun wird dem Kind in der Mitte eine Frage gestellt, die es beantwortet. Der Freund bzw. die Freundin wird hereingeholt und muss auf die gleiche Frage antworten. Decken sich die Antworten, gibt es für beide eine Murmel.

Gegensatzbilder

Farben können Gefühle und Stimmungen ausdrücken und evtl. sogar auch beeinflussen. Mit diesen Vergleichsbildern können auch Kita-Kinder dies schon entdecken.

Alter: ab 3 Jahren
Material: Fingerfarben, Wasser, Becher, Wäscheklammern, kleine Schwämme, pro Kind zwei Malblätter

Die Kinder berichten, welche Farben ihnen gut gefallen und welche sie nicht gerne mögen. Vielleicht können die Kinder ja sogar beschreiben, warum das so ist.

Die pädagogische Fachkraft verteilt die Fingerfarben in die Becher und verdünnt sie evtl. etwas mit Wasser. Sie befestigt an jeder Wäscheklammer ein Schwämmchen. Für jede Farbe gibt es mehrere Schwämmchen, damit mehrere Kinder eine Farbe gleichzeitig benutzen können.

Die Kinder tupfen zuerst mit den Schwämmchen nur die Farben auf ihr Malblatt, die sie gerne mögen und schön finden. Auf das zweite Malblatt tupfen sie nur Farben, die sie nicht mögen.

Nach dem Trocknen vergleichen sie die Bilder jeweils miteinander und erzählen ihre Wahrnehmungen und Gedanken zu den unterschiedlichen Werken.

Hinweis: Es ist wichtig, immer nur die gleichen Schwämmchen in die jeweilige Farbe zu tunken, um die Farben nicht zu vermischen und zu verunreinigen.

Farbduschen

Alter: ab 3 Jahren
Material: Stoffreste, Scheren, pro Farbe einen Gymnastikreifen, Hefter, Heftklammern, Seile

Die Kinder sortieren die Stoffreste nach Farben. Anschließend reißen oder schneiden sie diese in ca. 5 cm breite und 150 cm lange Streifen.

Die pädagogische Fachkraft heftet diese Streifen rund um den Gymnastikreifen. Jeder Reifen bekommt eine andere Farbe.

Die fertigen Reifen werden so an einem Seil in der Halle aufgehängt, dass die Kinder sich wie in einer „Dusche" hineinstellen können.

Hinweis: Wer keine Stoffreste hat, kann die Reifen auch mit Krepppapierbändern bestücken. Diese halten allerdings nicht so lange.

Gruppenrat

Im Morgen- bzw. Stuhlkreis sprechen die Kinder in ihren Stammgruppen z. B. über ihre Gefühle, Erlebnisse oder neue Planungen und Projekte.

Nicht immer ist es ratsam, alles gleichzeitig mit allen zu besprechen. Für diese Gelegenheiten gibt es in manchen Einrichtungen den Gruppenrat. Meistens gehören die älteren Kinder der Gruppe zu diesem Gremium. Aber alle Kinder der Gruppe können natürlich ihre Anliegen, meistens mithilfe der pädagogischen Fachkraft, an den Gruppenrat herantragen.

Ein Teil des Gruppenrates zu sein, ist eine sehr verantwortungsvolle Aufgabe.

Die Kinder müssen lernen, sich in die Lage der anderen hineinzuversetzen und deren Wünsche und Anliegen ernst zu nehmen. Genauso wird von ihnen erwartet, dass sie ihren „Posten“ nicht missbrauchen, um eigene Interessen durchzusetzen. Um Entscheidungen treffen zu können, benötigt der Gruppenrat natürlich Informationen von den anderen Gruppenmitgliedern.

Dieses Beispiel zeigt anhand des Themas „Speiseplan“, wie der Gruppenrat die Meinungen der anderen Kinder sammeln und wie er Entscheidungen treffen kann. Selbstverständlich ist es unmöglich, dass die Kinder in einer Kita täglich ihr Lieblingsessen bekommen. Aber es gibt Speisen, die mehr, und solche, die weniger beliebt sind.

Alter: ab 2 Jahren
Material: großes Plakat, Klebepunkte in Rot, Grün und Gelb, Permanentmarker, evtl. Digitalkamera

Für ca. einen Monat schreibt die pädagogische Fachkraft jeden Tag den Namen des Tagesgerichtes auf das Plakat. Nach der Mahlzeit klebt jedes Kind einen Punkt hinter den Begriff:

- Rot steht für: Das Gericht hat mir nicht geschmeckt, möchte ich nicht noch einmal essen.
- Grün steht für: Das Gericht hat mir sehr gut geschmeckt, kann es ruhig öfter geben.
- Blau steht für: Das Gericht hat mir geschmeckt, ich möchte es aber nicht so oft essen.

Hinweis: Zur visuellen Unterstützung wird ein Foto von dem Gericht gemacht und zusortiert.

Der Gruppenrat wertet nach einer Woche oder am Ende des Monats das Ergebnis aus. Das Ergebnis wird zuerst den Kindern in der Gruppe vorgestellt und anschließend der Hauswirtschaftskraft überreicht.

Gemeinsam mit der Hauswirtschaftskraft und evtl. der Kita-Leitung legt der Gruppenrat fest, welche Gerichte erst einmal vom Speiseplan gestrichen werden oder wo es Alternativen geben kann.

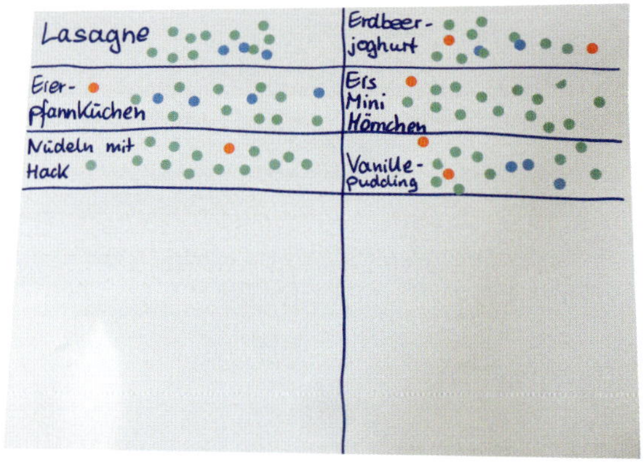

Regellied

Melodie: Die Affen rasen durch den Wald

1. Strophe:

In unser'm Kindergarten hier, gibt's Regeln, sogar mehr als vier, weil sonst die ganze Bande brüllt:

Refrain

Die hat mich ausgelacht, der hat mir Stress gemacht, ich bin traurig und hab' keinen Spaß. Die hat mich ausgelacht, der hat mir Stress gemacht, ich bin traurig und hab' keinen Spaß.

2. Strophe

Zuhören, wenn ein and'rer spricht, dazwischen quatschen soll man nicht, weil sonst die ganze Bande brüllt:

Refrain

3. Strophe

Überall liegt Spielzeug rum, Aufräumen ist da gar nicht dumm, weil sonst die ganze Bande brüllt:

Refrain

4. Strophe
Beim Essen sitzen wir am Tisch, schmatzen und zappeln nicht, weil sonst die ganze Bande brüllt:

Refrain

5. Strophe
Und wenn wir dann im Kreise sind, leis' sein, das weiß jedes Kind, weil sonst die ganze Bande brüllt:

Refrain

6. Strophe
Streiten gehört auch mal dazu, doch Schlagen ist bei uns tabu, weil sonst die ganze Bande brüllt

Refrain

7. Strophe
Zusammen spielen, das ist toll, Schimpfwörter, ärgern, das nervt voll, weil sonst die ganze Bande brüllt:

Refrain

8. Strophe
Wenn jeder sich an Regeln hält, es uns im Kiga gut gefällt. Die ganze Kinderbande brüllt:

Refrain
Wir haben zusamm' gelacht, heut' hat es Spaß gemacht. Mir geht es heute richtig gut.
Wir haben zusamm' gelacht, heut' hat es Spaß gemacht. Mir geht es heute richtig gut.

Theatergeschichte zum Nachspielen

Geschichten lassen sich intensiver erleben, wenn man sie durch Bilder oder Figuren darstellen kann. Die Kinder können sich besser in die Figuren einfühlen und das Geschehen miterleben. Zudem kann die Geschichte immer wieder von den Kindern selbst nachgespielt werden.

Alter: ab 4 Jahren

Hoch oben im Riesenbaum

Hinter dem großen Hexenberg im Blütental steht das schiefe, bunte Haus der kleinen Hexe Eugenia. Dort lebt sie mit ihrem schwarzen Kater Flix, der ihr auf Schritt und Tritt folgt. Vor ein paar Jahren hat Eugenia Flix vor dem Ertrinken gerettet. Er hatte sich in einem Netz verfangen, das am Ufer eines Flusses lag. Die Strömung riss das Netz mitsamt dem Kater mit, gerade als Eugenia ihren Rundflug machte. Sie half ihm auf ihren Besen, flog mit ihm ans rettende Ufer und hielt Flix so lange in ihrem Arm, bis seine Angst nachließ und er nicht mehr zitterte. Das war der Beginn ihrer Freundschaft gewesen und seitdem bewohnte Flix mit Eugenia das Hexenhaus.

Das Besondere an Flix ist, dass er sprechen kann. Das ist manchmal gar nicht lustig, denn wenn Eugenia kocht, dann meckert er ständig: „Pfui, eklig, wie das riecht! Kannst du nicht mal was Gutes kochen?" Aber Eugenia ist froh, denn mit Flix wird es nie langweilig. Sie unterhalten sich oft stundenlang, spielen Verstecken oder üben Zaubersprüche. Flix' liebster Zauberspruch von Eugenia ist: „Ene mene Schmus, für Flix gibt's Apfelmus! Hex Hex!"

Heute machen die beiden einen Ausflug zum Riesenbaumwald. Denn Eugenia möchte den Senkrechtstart zum Riesenbaum üben. Den kann sie noch nicht so gut und sie will unbedingt im Hexenzeugnis eine gute Note im

Fliegen haben. Flix soll ihr das Startkommando geben: 1, 2, 3 ... Eugenia gibt ihr Bestes, doch mal qualmt der Besen, mal fliegt sie im Slalom um die Bäume oder verfängt sich in den Zweigen. Das Ergebnis ist immer das Gleiche: Ganz oben kommt sie nicht an.

„Du brauchst eine Pause", meint Flix und macht es sich im Moos bequem. Eugenia legt sich daneben und schaut sehnsüchtig zu den Bäumen hinauf. Ob sie es jemals bis da hoch schaffen wird? Plötzlich hören die beiden ein Geräusch. Flix spitzt die Ohren. Da schluchzt jemand. Es kommt von oben, aber Eugenia kann niemanden erkennen. „Du musst hochfliegen und nachsehen", fordert Flix sie auf. „Wieso ich, du kannst doch hochklettern", ruft die kleine Hexe. „Mensch, Eugenia, da oben weint jemand und braucht vielleicht unsere Hilfe", versucht es Flix noch einmal. „Mensch, Kater, hast du mich vorhin nach oben fliegen sehen?"

Flix Katzenaugen funkeln zornig. Bevor er Eugenia kennenlernte, war er oft im Riesenwald. Durch die vielen Zweige konnte Flix geschickt in die Höhe klettern. Damals wusste er nicht, dass es Gefahren gibt. Damals wusste er auch nicht, was Angst ist. Seit dem Unglück am Fluss hat Flix keine Abenteuer mehr gewagt. Aber die Stimme da oben in den Bäumen erinnert ihn an das Netz, den Fluss, seine große Angst damals und seine Rettung durch Eugenia. Entschlossen klettert Flix zwischen den Ästen den Baum hinauf und setzt mutig eine Pfote vor die nächste. „Nur nicht nach unten schauen", denkt er. Aber er kommt dem Weinen immer näher. Er schaut nach oben und da ...

Er kann ein kleines Eichhörnchen erkennen, das sich verzweifelt am Baumstamm festklammert. Vorsichtig klettert Flix weiter. „He du, was ist los? Brauchst du Hilfe?", ruft er. Das Eichhörnchen dreht sich zu ihm um. „Mein Fuß tut so weh", weint es. „Ich kann nicht mehr auftreten und sitze hier fest." „Oh, ähm, tja, so ein Pech aber auch, und jetzt?", Flix ist ratlos. „Willst du dich nicht in deinem Bau ausruhen? In ein paar Tagen tut es bestimmt nicht mehr weh und du bist wieder topfit", schlägt er vor. „Ich wohne hier nicht, ich will einfach nur runter", schluchzt das Eichhörnchen.

Und jetzt? Fieberhaft überlegt Flix, was er tun könnte. Huckepack geht gar nicht, ausgeschlossen. Flix wird schon schwindlig, wenn er daran denkt, selbst wieder runterzuklettern. „Halt dir die Ohren zu", sagt Flix und brüllt so laut er kann: „Eugenia, SOS, Eugenia, SOS!" Angestrengt lauscht er, doch tatsächlich, Eugenia hat ihn gehört. „Was ist los, Flix? Bist du ok?" „Du musst kommen!", schreit er. Von weitem kann er erkennen, dass Eugenia ihren Besen besteigt und ein paar Worte murmelt. Doch es passiert nichts. Flix sieht zum Eichhörnchen rüber. Es wirkt immer schwächer. „Wie lange sitzt du denn schon hier?", fragt er. „Mir kommt es wie Tage vor. Ich bin so müde, ich würde mich so gern ausruhen", sagt das Eichhörnchen. „Aber ich hab' so große Angst zu fallen, weil ich bald keine Kraft mehr habe."

Flix kennt diese Angst. Wenn nur Eugenia endlich käme. „Wie heißt du eigentlich?", will er vom Eichhörnchen wissen. „Mimi ist mein Name. Bitte hilf mir." Flix kommt näher und setzt sich an Mimis Seite. „Also, ich kann dir nicht helfen, aber wenn wir Glück haben, kommt Eugenia und rettet dich."

Flix erzählt Mimi von Eugenia und wie sie ihn gerettet hatte. Und wie aus dem Nichts kommt Eugenia senkrecht auf ihrem Besen angeschossen, kann aber nicht bremsen und fliegt noch höher. „Ta Ta Ta Taaaa, jippie, ich hab' es geschafft", jubelt sie glücklich. „Flix, hast du es gesehen, ich bin senkrecht hoch geflogen! Super, das muss ich gleich noch einmal machen."

Flix unterbricht sie: „Darf ich bekannt machen? Das ist Mimi und das ist Eugenia." Und dann erzählt er der kleinen Hexe, was los ist. Eugenia runzelt die Stirn und steigt mitsamt dem Besen die letzten Meter zu ihnen hinunter. „Willkommen im Rettungshubschrauber, Mimi", ruft sie fröhlich. „Komm, setz dich unter meinen Hexenhut und dann geht's abwärts." Flix hilft Mimi unter Eugenias Hexenhut. „So, dann mal los. Dir viel Spaß beim Runterklettern, Flix." Und schwupps, da ist sie weg.

„Wie jetzt? Und was ist mit mir? Viel Spaß beim Runterklettern? Ha ha, wie lustig!", denkt Flix. Er atmet kräftig durch und macht sich dann vorsichtig auf den Weg abwärts. Als er unten ankommt, liegt Mimi bereits im Moos. Eugenia hat geschwind einen Kräuterverband angelegt und murmelt ein paar Zauberwörter. „Hoffentlich wird es nicht schlimmer", lacht Flix erleichtert. Mimi öffnet die Augen: „Danke, dass du mich gerettet hast, Flix!" Verwundert fragt er: „Ich?"

Folgende Fragen machen den Inhalt und die Gefühlswelt transparenter:

- Wieso denkt Mimi, dass Flix sie gerettet hat?
- Wie konnte Flix Mimi helfen?
- Wie konnte Eugenia Mimi helfen?
- Warum wollte Flix dem Eichhörnchen helfen?
- Welche Gefühle erleben Flix und Mimi?

Die pädagogische Fachkraft und die Kinder sammeln gemeinsam Gestaltungsvorschläge, um das Stück nachspielen zu können, wie z. B.:

- große Papierbögen als Kulisse bemalen (Riesenbäume, kleines Hexenhaus, Fluss im Hintergrund) und an die Wand hängen,
- Figuren aus Fotokarton gestalten und an Stäben befestigen,
- einen Besen herstellen.

Werte und Ethik als Orientierung

Das Urvertrauen, welches Kinder bereits im Säuglingsalter entwickeln, ist von entscheidender Bedeutung für die soziale Entwicklung des Kindes. Eltern oder andere feste Bezugspersonen, die für das Kind immer da sind, bieten Sicherheit und Schutz. Durch diese enge Bindung lernt das Kind Menschen und Situationen kennen, denen es vertraut.

Bereits in den ersten Lebensjahren werden dem Kind Werte vermittelt, die helfen, sich in der Welt zu orientieren, die ein Leben lang prägend sind und die Grundlage für ein soziales empathisches Miteinander bilden. Eltern haben einen großen Einfluss auf die Wertekompetenz des Kindes, welche über Jahre entwickelt wird und zum Fundament des späteren Weltbildes führen kann. Die Kinder lernen anhand dieser Wertevermittlung zu unterscheiden, was gut oder böse, was richtig oder falsch ist.

Gesellschaftliche Werte, wie z.B. Freundschaft, Verantwortung, Ehrlichkeit, Zuverlässigkeit, Respekt, Gerechtigkeit, Liebe, Treue, Rücksichtnahme etc., können innerhalb eines liebevollen Familienlebens mit gegenseitiger Zuwendung und gemeinsamer Zeit entwickelt werden. Diese Wertekompetenz befähigt Kinder, ein gesundes Selbstvertrauen zu entwickeln und autonom, sachbezogen und situationsgerecht zu entscheiden. Schon ab dem Kleinkindalter wird empathisches Verhalten anhand von Vorbildern gefördert. Während jüngere Kinder zunächst Mitgefühl erlernen müssen, damit sich ein Gewissen bilden kann, spielt ab ca. fünf Jahren Gerechtigkeit eine große Rolle.

Auch in der Kita werden Werte vermittelt, die die Basis für das Miteinander einer Gruppe bilden. Dazu gehören die Beachtung von Gruppenregeln, das Akzeptieren der Bedürfnisse anderer Kinder und die Einigung auf Kompromisse, die dem Wohle aller dienen. Fehlt einem Kind ein Werteverständnis oder hat es Werte verinnerlicht, die den Regeln in der Kita entgegenstehen, kann es zu Konflikten kommen, die der Integration in der Gruppe und der Entstehung von Freundschaften im Wege stehen.

Die Werteentwicklung ist ein langer Prozess mit unterschiedlichen Werte-Schwerpunkten, die der Reife und dem Verständnis des Kindes und des Jugendlichen entsprechen.

Anregung für den Einstieg in einen Elternabend oder Elternnachmittag

In fast allen Kindertagesstätten treffen Familien unterschiedlicher Herkunft, Kultur und Lebensumstände aufeinander. Über eigene Werte und moralische Vorstellungen sprechen Eltern vermutlich nicht in der Öffentlichkeit eines Elternabends. Aufgrund fehlender Sprachkenntnisse wird dies auch in vielen Elternrunden gar nicht möglich sein. Um sich dem Thema Wertvorstellungen zu nähern, eignet sich folgendes Angebot, bei dem die Eltern über ihr eigenes Kind sprechen und erzählen, was sie an ihm besonders schätzen. ErzieherInnen bekommen so einen Einblick über Wertigkeiten in den Familien und erfahren unter Umständen etwas über die Kinder, was sich in der Kita noch nicht gezeigt hat.

Material: farbiges großes Tuch, viele unterschiedliche Fotos oder Postkarten, pro Elternteil einen Briefumschlag, Buntstifte

Die Eltern sitzen im Stuhlkreis. Das farbige Tuch liegt in der Mitte des Kreises. Darauf sind die Fotos und Postkarten verteilt. Die Eltern bekommen die Aufgabe, sich ein Foto auszusuchen, das sie am ehesten an ihr Kind, an eine Eigenschaft oder an eine Stärke des Kindes erinnert. Der Reihe nach stellen sich die Eltern nun vor, sagen den Namen ihres Kindes und beschreiben, warum sie dieses Foto für ihr Kind ausgesucht haben. Jeder bekommt einen Umschlag für das Foto, auf dem der Name des Kindes bunt gestaltet werden kann.

Die Umschläge mit den Fotos nehmen die Eltern mit nach Hause oder heften es im Portfolio des Kindes als Geschenk ab.

Anregungen für die Arbeit im Team

Was ist für mich persönlich „wert-voll"? Was hat für mich einen Wert? Die eigenen Werte spielen eine große Rolle. Wir können nicht ohne unsere eigenen Wertvorstellungen und Erfahrungen erziehen, Kinder begleiten und Eltern Partner sein. In Stresssituation oder unter Druck kommen die eigenen Wertvorstellungen besonders zum Tragen, da wir hier spontan und emotional reagieren. Es ist daher sehr wichtig, sich als ErzieherIn über die eigene Haltung klar zu werden und sie von Zeit zu Zeit zu hinterfragen. Dies kann in gemeinsamen Diskussionen im gesamten Team geschehen – ohne Bewertung der Ansichten – oder als persönliche Reflexion.

Werte, Moral und Ethik

Material: Plakatpapier, Befestigungsmöglichkeiten, mehrere Permanentmarker

Das Plakatpapier wird an einer Wand oder einem Flipchart im Teamraum befestigt. Einer der Begriffe „Werte", „Moral" oder „Ethik" steht in der Mitte des Plakats. Nun schreibt jedes Teammitglied Begriffe dazu, die ihm zum Thema einfallen. Diese Begriffe dienen als mögliche Diskussionsgrundlage oder sind Denkanstöße für die einzelnen MitarbeiterInnen.

Worauf lege ich Wert?

Material: mehrere Bögen Plakatpapier, Stifte, kleine Zettel oder Post-its, Klebefilm

Auf jedem Plakat steht eine Überschrift, z. B. Familie, Job, Freizeit, Gesundheit, soziale Kontakte, Erscheinungsbild in der Öffentlichkeit etc. Die MitarbeiterInnen schreiben auf die kleinen Zettel die für sie wichtigsten Werte in diesem Bereich auf und kleben sie dazu.

Das finde ich an dir „wert-voll"

Material: pro MitarbeiterIn eine schöne Postkarte und ein Briefumschlag, Stifte

Jedes Teammitglied sucht sich eine Postkarte aus und schreibt den eigenen Namen in eine Ecke. Nun werden die Karten an den linken Sitznachbarn weitergegeben. Dieser schreibt kurz auf, was ihm an dem Besitzer der Karte wertvoll erscheint, ohne seinen eigenen Namen dazu zu schreiben. Die Karten wandern so einmal reihum und jeder notiert etwas dazu. Zum Schluss besitzt jedes Teammitglied eine „wert-volle" Karte. Diese kommt in den Umschlag und ist ein besonderer Schatz für jeden einzelnen.

Welche Werte sind mir wichtig?

Material: Plakatpapier, mehrere Permanentmarker, pro Person 5 Klebepunkte

Das Team sammelt gemeinsam unterschiedliche Wertebegriffe, wie z. B. Bildung, Ehrlichkeit, Familie, Freundschaft, Individualität, Leistungsbereitschaft, Nachhaltigkeit, Ordnungssinn, Vermögen, Glaube, Höflichkeit, und notiert diese auf dem Plakat. Nun bekommen alle Teammitglieder jeweils fünf

Klebepunkte und markieren damit die für sie wichtigsten fünf Werte. Das Ergebnis muss nicht diskutiert werden. Optisch wird so ein Bild von der Vielfalt des Teams dargestellt und es wird ersichtlich, was vielleicht allen gemeinsam ist.

Ideen für den Stuhlkreis

In den meisten Einrichtungen findet einmal am Tag ein Treffen im Kreis für alle Kinder der Gruppe statt, gestaltet als Morgenkreis, als Abschlusskreis oder um den Übergang z. B. zu einer neuen Spielphase einzuleiten. Diese Zusammenkünfte sind durch Rituale und Regeln geprägt, die regelmäßig überdacht und auf die jeweilige Gruppe abgestimmt werden sollten. Im Folgenden finden sich einige Ideen, die Abwechslung in den Stuhl- oder Sitzkreis bringen.

Begrüßungskoffer

Die Begrüßung im Morgenkreis und der Abschied im Abschlusskreis müssen nicht immer gleich ausfallen. Der „Begrüßungskoffer" oder „Abschiedskoffer" bietet spannende Variationen für dieses Ritual.

Alter: ab 3 Jahren
Material: Fotoapparat, Klebstoff, Blankokarten DIN A5, Malstifte, alter, kleiner Koffer (oder bunt bemalter, großer Schuhkarton), Gegenstände (Symbole), die die Kinder mitgebracht haben, Karten mit unterschiedlichen Liedtexten oder Begrüßungssprüchen, schönes Tuch für die Kreismitte, evtl. andere Gegenstände zum Themenkoffer

Im Vorfeld bespricht die pädagogische Fachkraft die spezifischen Begrüßungs- und Abschiedsrituale mit Eltern und Kindern aus den verschiedenen Herkunftsländern.

Zwei Kinder stellen nun diese „Zeremonie" nach und werden dabei fotografiert. Die so entstandenen Fotos werden jeweils auf eine Blankokarte geklebt. Die Kinder malen dazu z. B. die Flagge des Landes auf die Karte. Die Fachkraft schreibt den Wortlaut der Begrüßung oder Verabschiedung ebenfalls darauf.

Zusätzlich gibt es die Möglichkeit, dass die Kinder sich eigene Begrüßungsformen ausdenken, z. B. sich umarmen, abklatschen, Hand auf die Schulter legen etc. Die fertigen Karten werden im Koffer deponiert.

Jedes Kind aus der Gruppe darf für den Koffer zudem einen kleinen Gegenstand mitbringen, der ihm wichtig ist oder der z. B. etwas mit dem Begrüßungs- oder Abschiedsritual seines Herkunftslandes zu tun hat.

Die Fachkraft packt zwei oder drei verschiedene Begrüßungs- oder Abschlusslieder bzw. Sprüche in den Koffer, die für die Kinder z. B. durch ein Bild oder eine Zeichnung zu erkennen sind.

Der fertige Begrüßungskoffer steht im Mittelpunkt des folgenden Begrüßungsrituals.

Begrüßungsritual

Dieses Ritual sollte nicht länger als 10–15 Minuten dauern. Es eignet sich gut dazu, die Kinder einander näher zu bringen, trainiert das Zuhören und freie Sprechen und regt die Kommunikation untereinander an.

Alter: ab 3 Jahren

Ein Kind holt den Koffer in den Kreis, öffnet ihn und breitet das Tuch in der Mitte aus. Es entscheidet, welche Begrüßung an diesem Tag ausgeführt werden soll und legt die betreffende Karte auf das Tuch. Auch einen Gegenstand, über den es etwas hören möchte oder den eigenen Gegenstand, über den es etwas erzählen möchte, legt es dazu. Außerdem sucht das Kind noch ein Lied oder einen Spruch aus. Somit ist der Ablauf für alle Kinder ersichtlich:

Alle, die mögen, führen die Begrüßung mit den neben ihnen sitzenden oder anderen Kindern aus.

Das betreffende Kind stellt den ausgesuchten Gegenstand vor.

Die ganze Gruppe singt zum Abschluss gemeinsam das Lied oder spricht den ausgesuchten Reim.

Wenn alle Gegenstände vorgestellt worden sind, wird der Koffer von den Kindern oder der Fachkraft mit neuen Objekten bestückt.

Variante

Für den Morgen- bzw. Abschlusskreis sind auch unterschiedliche Themenkoffer denkbar. Dabei verbinden die darin befindlichen Gegenstände alle ein bestimmtes Thema, z. B. Wald, Lieblingsspielzeug, Urlaub, Weihnachten.

Warme Dusche

Eine sehr wertschätzende Methode, den Tag zu beginnen oder zu beenden, ist die „warme Dusche". Es ist gut investierte Zeit, positive Rückmeldungen zu üben und im alltäglichen Miteinander einfließen zu lassen.

Alter: Ab 4 Jahren
Material: Gymnastikreifen aus Holz, goldene Folie oder goldener Stoff, (z. B. Rettungsdecken), Tacker, goldenes Schleifenband, Schere, evtl. Feder

Die pädagogische Fachkraft und die Kinder umwickeln den Gymnastikreifen locker rundherum mit der Folie oder dem Stoff. Die Fachkraft tackert die Folie an einigen Stellen am Reifen fest Die Kinder wickeln noch mal Schleifenband um den Reifen. Sie schneiden ca. 50 cm lange Streifen aus der Folie und befestigen sie am Reifen. Alternativ können sie Streifen vom Schleifenband an den Reifen knoten. Schon ist der „Duschvorhang" fertig.
Ein Kind sitzt in der Mitte des Kreises auf einem Stuhl. Zwei andere Kinder halten den goldenen Reifen über das sitzende Kind und sagen: „Liebe/lieber ... hier kommt eine warme Dusche für dich." Dann bewegen sie ganz langsam den Reifen über das Kind und den Stuhl nach unten, legen ihn auf dem Boden ab und setzen sich wieder. Jeder, der möchte, sagt etwas Nettes zu dem Kind oder über das Kind auf dem Stuhl. Wenn niemand mehr etwas sagen möchte, steht es auf und geht auf seinen Platz. Ein anderes Kind kommt an die Reihe.

Hinweise: Auch der Stuhl, auf dem das Kind zur „Dusche" Platz nimmt, kann besonders gestaltet werden.

Kinder, die nicht Deutsch sprechen oder sich nicht sprachlich mitteilen, streicheln das Kind auf dem Stuhl, z. B. mit einer Feder o. Ä.

Hast du eine Murmel?

Alter: ab 4 Jahren
Material: 5 Murmeln, je nach Größe der Gruppe kann die Anzahl variieren

Die Kinder sitzen im Kreis. Ein Kind verlässt den Raum. Die Murmeln werden an fünf Kinder verteilt. Alle Kinder halten nun ihre Hände so, dass die Murmeln nicht zu sehen sind, egal ob sich eine Murmel in der Hand befindet oder nicht. Nun wird das Kind wieder hereingerufen. Es soll so schnell wie möglich die Murmeln finden, indem es jedes Kind fragt: „Hast du eine Murmel?" Alle Kinder haben die Möglichkeit, mit „Nein" zu antworten, auch die, die eine Murmel haben. Aber sie müssen ihre Hände geschlossen halten. Das Kind muss nun überlegen, ob das gefragte Kind schwindelt.

- Glaubt es, dass ein Kind nicht die Wahrheit sagt, kann es sich zum Beweis die Hände zeigen lassen. Liegt eine Murmel darin, muss das Kind z. B. fünf Hampelmannsprünge machen.
- Lässt sich das ratende Kind die Hände zeigen, obwohl das andere Kind die Wahrheit gesagt hat, muss es selbst die Hampelmannsprünge machen.
- Wenn das ratende Kind aber dem Kind, das „Nein" gesagt hat, vertraut, kann es ein weiteres Kind befragen.

Jedes Kind, welches eine Murmel in der Hand hat, kann aber auch mit „Ja" antworten und mit seiner Ehrlichkeit helfen, alle Murmeln zu finden. Das Spiel endet, wenn alle Murmeln gefunden sind.

So wie du bist ist keiner

Melodie: Der Kuckuck und der Esel

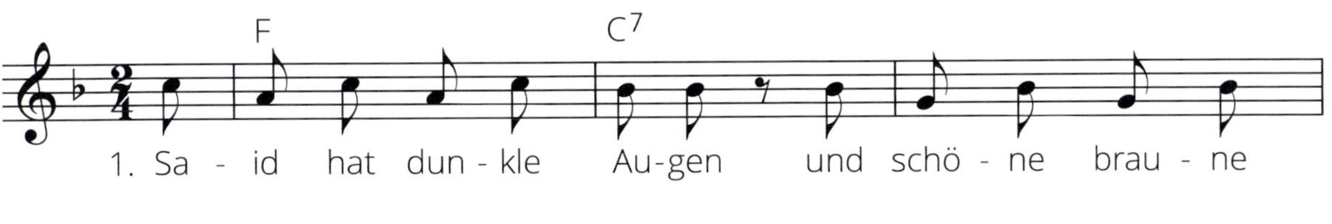

1. Strophe
Said hat dunkle Augen und schöne braune Haut.

Refrain:
So wie du bist, ist keiner. So wie du bist, ist keiner. Besonders und genial, besonders und genial.

2. Strophe
Fina spricht keine Worte, trotzdem versteh'n wir sie.

Refrain

3. Strophe
Toni isst nur Bananen, Nutella und Joghurt.

Refrain

4. Strophe
Lea ist wie ein Radio, redet den ganzen Tag.

Refrain

5. Strophe
Max ist ein cooler Junge, doch oft hat er auch Streit.

Refrain

6. Strophe
Chris sitzt in einem Rollstuhl, und er ist oberschlau.

Refrain

Verantwortung übernehmen

Werteerziehung ist auch immer verbunden mit bewusster Umweltbildung und einer Vermittlung von Verantwortung für die Schöpfung. In der Kita geschieht dies fast immer über Naturerfahrungen. Wichtig ist, dass Kinder schon erfahren, dass sie für einen kleinen Bereich Verantwortung übernehmen können.

Gesprächsrunde über unsere Umwelt

Alter: ab 5 Jahren

Kinder und ErzieherIn überlegen gemeinsam, was sie für ihre Umwelt tun möchten. Wichtig ist, dass alle Ideen einen Bezug zur Kita haben, z. B.:

- als städtische Kita einen Blühstreifen für Bienen einsäen
- saisonale und regionale Lebensmittel auf den Speiseplan setzen
- überlegen, wie und wo Wasser gespart werden kann
- Hochbeete anlegen, bepflanzen und versorgen
- Verantwortung (z. B. eine Patenschaft) für ein Tier übernehmen
- Müll reduzieren (z. B. in Bezug auf das eigene Frühstück)
- Energie sparen (z. B. Licht ausschalten, wenn niemand im Raum ist)
- Upcycling, Recycling, Flohmarkt veranstalten.

Projektvorschlag: „Unser Naschgarten“

In einem Naschgarten wandern Früchte, Gemüse oder Kräuter direkt von der Hand in den Mund. Dafür muss nicht unbedingt ein Beet angelegt werden. Es kann auch in Kübel, Töpfe oder Kästen gepflanzt und gesät werden. Dieser kleine Garten eignet sich sehr gut dazu, die Wachstumsprozesse zu beobachten und zu erfahren, was Pflanzen zum Leben brauchen.

Alter: ab 3 Jahren
Material: Pflanzkübel oder Pflanzkästen, Pflanzerde, kleine Schaufeln, Saatgut und Pflanzen, Stäbe zum Anbinden der Pflanzen, Sisalgarn, Schere, Gießkanne mit Brausekopf

Kinder und ErzieherIn entscheiden gemeinsam, welche Gemüse-, Obst- und Kräutersorten angebaut werden sollen. Besonders geeignet sind z. B. Schnittlauch, Minze, Kresse, Walderdbeeren, Himbeeren, Blaubeeren, Cocktailtomaten, Karotten, Radieschen, Paprika oder Minigurken.

Die Kinder füllen Erde in die Pflanzkübel. Sie säen das Saatgut in die Erde und pflanzen die Setzlinge in die Pflanzkübel. Wenn nötig, stecken die Kinder Stäbe in die Erde, an denen die Pflanzen zum Abstützen angebunden werden.

Die Kinder übernehmen die Pflege wie das Gießen, Abdecken bei Kälte, Absuchen z. B. von Schnecken oder das Aufstellen von Beschattungen bei zu großer Sonneneinstrahlung.

Variante

Zusätzlich können auch Pflanzen angebaut werden, aus denen z. B. Tees gekocht oder Cremes und Salben (z. B. Ringelblumen, Lavendel) hergestellt werden.

Eine Geschichte zum Thema Respekt

Monis Rettung

In der schillernden Unterwasserwelt im großen weiten Meer schwimmt Moni aus einer Felsspalte hervor. Sie ist noch sehr müde. Moni ist ein kleines Paddelbarsch-Mädchen. Ihre Haut ist weiß und hat schwarze Punkte, worauf sie sehr stolz ist. Heute Nacht hat sie gar nicht gut geschlafen. Immer wieder ist sie aufgewacht, weil sie schlecht geträumt hat. Nun ist Moni auf dem Weg zu ihrer Freundin Kira. Die beiden kennen sich schon ganz lange. Am liebsten spielen sie Verstecken. Im Korallenriff kann man sich nämlich herrlich gut verstecken. Überall gibt es Felsspalten, kleine Höhlen und bunte Pflanzen, die im Wasser hin- und hergleiten.

Moni liebt ihre Heimat über alles und auch ihre Freundin Kira. Kira wohnt mit ihrer Familie auf der anderen Seite des Riffes. Sie sieht immer wunderschön aus mit ihren bunten Schuppen und Streifen. Sie ist ein Papageienfisch und knabbert gerne an den Korallen herum. Fröhlich winkt sie Moni entgegen: „Na endlich, ich warte schon auf dich. Hast du verschlafen?“

Sie machen sich auf den Weg in den Anemonen-Kindergarten. Dort sind schon viele kleine Fischkinder am Spielen. Jedes Kind sieht anders aus. Groß, klein, bunt, einfarbig, gestreift, gepunktet, gezackt, glitzernd, lange oder kurze Flossen. Auch Jumo ist da. Er ist ein Clownfisch-Junge. Oft spielt er mit Moni und Kira, weil die anderen Jungen ihn nicht mögen. Sie sind neidisch, weil er sehr schnell schwimmen kann, schneller als die anderen. Moni und Kira ist das egal. Sie finden es lustig, denn manchmal hängen sie sich an seine Schwanzflosse und dann wirbelt Jumo sie so durchs Wasser, dass ihnen schwindelig wird. „Angeber!“, rufen dann die anderen oder „Einschleimer“. Die anderen Jungs lassen Jumo nie mitspielen und ärgern ihn. Jumo macht das traurig, aber er lässt sich nichts anmerken. Oft ist er auch für sich und beobachtet die ganz kleinen Fische und untersucht die Meerespflanzen. Er weiß jede Menge über sie.

Moni und Kira wollen Verstecken spielen. „Hast du auch Lust, Jumo?“ Er freut sich und ist sofort mit dabei. Er muss in eine Riffspalte schwimmen und dort zählen, damit er nicht sehen kann, in welche Richtung die Freundinnen schwimmen. Moni will schnell weiter rausschwimmen, dorthin wo die Seeanemonen ganz hoch wachsen und sie sich gut verstecken kann. Außerdem hofft sie, dass Kira als Erste

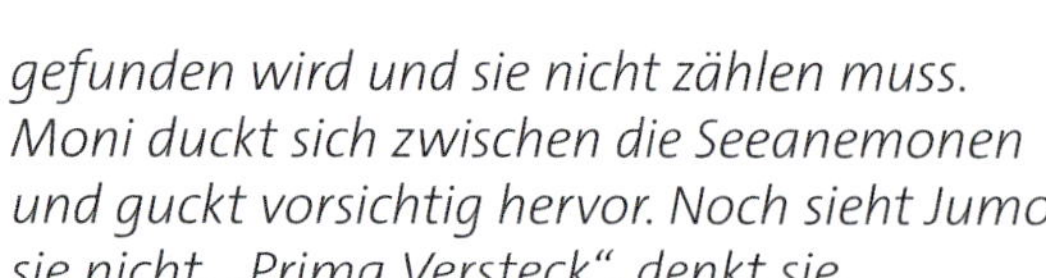

gefunden wird und sie nicht zählen muss. Moni duckt sich zwischen die Seeanemonen und guckt vorsichtig hervor. Noch sieht Jumo sie nicht. „Prima Versteck", denkt sie.

„Wen haben wir denn da?", knurrt eine dunkle Stimme hinter ihr. Moni ist zutiefst erschrocken und wirbelt herum. Ein großer, dunkelgrauer Trompetenfisch kommt auf sie zu. Er schwimmt mit erhobenem Kopf und steht senkrecht im Wasser. Lautlos hat er sich angeschlichen. Moni fürchtet sich sehr. Ihre Mama hat sie immer vor Trompetenfischen gewarnt. Sie sind gefährlich. „Ich, ich, ich, ...", Moni hat es vor Angst die Sprache verschlagen. „Mmmhhhh, Paddelbarsch hatte ich schon lange nicht mehr zur Vorspeise, mmhhh. Du wirst ja ein Leckerbissen für mich sein." Der Trompetenfisch kommt immer näher. Monis Angst wird immer größer. Sie ist nicht mal in der Lage wegzuschwimmen, doch dann fährt ein Ruck durch ihren Körper und sie schreit: „Hilfe!!!", so laut sie kann. Und im nächsten Moment schwimmt sie, so schnell sie kann, los. Der Trompetenfisch ist überrascht, doch dann setzt er nach und ist Moni auf den Fersen. Moni schwimmt durch die Anemonen. Vielleicht kann sie ihn abschütteln, wenn er sie nicht mehr sehen kann? „Hilfe!", schreit sie wieder. Aber der Trompetenfisch ist immer noch hinter ihr. Panisch schwimmt Moni immer weiter, doch sie spürt, dass ihre Kräfte langsam nachlassen.

Der Trompetenfisch berührt sie fast, als plötzlich Jumo da ist. „Schnell, halt dich fest!" Moni packt seine Schwanzflosse und hält sich fest. Blitzschnell schwimmt Jumo durch die Anemonen und weiter Richtung Kindergarten am Riff. Er gibt alles, so schnell hat Moni ihn noch nie schwimmen sehen. Der Trompetenfisch ist zwar noch hinter ihnen, aber der Abstand hat sich vergrößert. Moni weiß, wenn sie am Kindergarten sind, kann nichts Schlimmes mehr passieren. Jumo schwimmt unbeirrt weiter und gleitet pfeilschnell durch das Wasser. Als es nicht mehr weit ist, blickt Moni zurück. Der große graue Fisch hat aufgegeben. Man sieht ihn nur noch von weitem wegschwimmen. Sie sind in Sicherheit!

„Wir haben es geschafft", seufzt Moni erleichtert. „Danke, danke, danke, Jumo!" Kira kommt ihnen entgegen. „Was ist passiert, wo warst du?" Moni erzählt mit zittriger Stimme vom Trompetenfisch. Die Angst steckt ihr noch in den Gräten, aber sie ist Jumo unendlich dankbar.

Kira erzählt allen im Kindergarten die Geschichte. Alle sind erschrocken und froh, dass Moni nichts Schlimmeres passiert ist – dank Jumo und seiner Schnelligkeit. Zur Stärkung gibt es erst einmal eine Runde Algensalat. Die anderen Jungen sind heute irgendwie anders, denkt Kira beim Essen. Keine blöden Sprüche, keine Schimpfwörter ... Woran das wohl liegen könnte?

Anschließend sitzen Kira und Moni mit Jumo in einer Riffspalte und ruhen sich aus. Da schaut Tino, einer von den Jungen, herein. „Ähm, also, ich wollte fragen, ob ihr mit uns spielen wollt?" „Und, Jumo, es wäre schön, wenn du auch Lust hast."

Gesprächsrunde zur Geschichte

Impulsfragen:

- Was hat euch an der Geschichte besonders gut gefallen?
- Was für eine Rolle spielen die beiden Fisch-Mädchen und die anderen Fisch-Jungen?
- Was hat sich im Laufe der Geschichte verändert?
- Warum gibt es Neid?
- Was habt ihr für Stärken?
- Was verdient Respekt und Wertschätzung?
- Was bewirken Schimpfwörter oder Ausgrenzung?

Hinweis: Hilfreich sind Bilder von den verschieden Fischen, die in der Geschichte vorkommen. Sie werden in der Mitte des Gesprächskreises platziert und so angeordnet wie ihre Positionen in der Geschichte sind und wie diese sich verändern.

Kinder unterm Regenbogen

Dieses Gemeinschaftswerk ist ein Symbol für den Zusammenhalt in der Gruppe und ein Hingucker in jedem Gruppenraum.

Alter: ab 2 Jahren
Material: Kleister, weißer Fotokarton, Bleistift, Schere, Malkittel, Maltischdecke, Schalen zum Befüllen der Farben, lila Fingerfarbe, Pinsel, blaue Kerze, Feuerzeug, hellblaue Fingerfarbe, Korken, grünes Transparentpapier, gelbe Fingerfarbe, Watte, Wäscheklammern, orange Wasserfarbe, Strohhalme, rote Fingerfarbe, Fotos der Kinder, Befestigungsmaterial

Die pädagogische Fachkraft rührt Kleister an und bereitet sieben weiße, halbrunde Bögen aus Fotokarton vor, die wie bei einem Regenbogen der Größe nach angeordnet sind.

Die Kinder malen ihre Hände mit lila Fingerfarbe an und machen auf dem kleinsten untersten Bogen Handabdrücke.

Auf den nächstgrößeren Bogen tropfen die Kinder mit einer blauen Kerze Wachs auf das Papier.

Den dritten Bogen bestempeln sie mit hellblauer Fingerfarbe und Korken.

Für den vierten Bogen reißen die Kinder Schnipsel aus grünem Transparentpapier und kleben diese auf.

Mit Watte in einer Wäscheklammer betupft eine Kindergruppe den fünften Bogen gelb.

Den sechsten Bogen gestalten einige Kinder mittels Pustetechnik orange, dazu verwenden sie Strohhalme und orangefarbene Wasserfarbe.

Der letzte Bogen erhält noch mal Handabdrücke – dieses Mal in Rot.

Die Bögen gut trocknen lassen und dann aneinanderkleben. Schon ist das Gruppenkunstwerk fertig zum Aufhängen. Unter den Regenbogen kann die pädagogische Fachkraft Fotos der Kinder kleben.

Bewegungsspiele zur Stärkung des Körpergefühls

Um zeigen zu können, wann Nähe wichtig ist und ertragen werden kann oder Distanz erwünscht ist, müssen Kinder ein Gefühl für ihren eigenen Körper und ihre Bedürfnisse entwickeln.

Eigene Körpergrenzen erfahren

Alter: ab 3 Jahren
Materialien: Tamburin, Schlägel

Die Spielleitung schlägt auf dem Tamburin schnelle bzw. langsame Takte und die Kinder bewegen sich dazu im Raum. Auf einen lauteren Schlag hin stoppen alle Kinder und erhalten eine Aufgabe, z. B.:

- beide Handflächen an die Wand drücken,
- sich auf den Boden legen und ganz weit ausbreiten,
- nur auf einem Bein stehen,
- mit einer Hand stark an einem Holm der Sprossenwand ziehen,
- Hände, Füße und Kopf berühren den Boden,
- nur der Po berührt den Boden,
- auf dem Rücken (auf dem Bauch, auf der Seite) liegen,
- einen Fuß auf der Bank absetzen usw.

Nach dem Durchführen der Aufgabe laufen die Kinder wieder bis zum nächsten lauten Schlag. Dann kommt eine neue Ansage.

Der eigene Körper in der Beziehung zum Raum

Alter: ab 3 Jahren

Die Kinder bekommen die Aufgabe, den Raum in unterschiedlichen Bewegungsarten zu umrunden, diagonal, in der Länge oder in der Breite zu durchqueren:

- mit großen Schritten,
- mit kleinen Schritten,
- auf Zehenspitzen,
- hüpfend,
- auf allen Vieren,
- ganz lang gestreckt,
- ganz klein geduckt usw.

Die Kinder achten dabei darauf, andere Kinder in ihrer Bewegung nicht zu behindern.

Der eigene Körper in der Beziehung zu Gegenständen

Alter: ab 3 Jahren
Material: unterschiedlich große und schwere Bälle, Seile, Reifen, Matten in unterschiedlichen Größen und Stärken, Langbank

Die Kinder erkunden die Materialien und Geräte auf unterschiedliche Weisen. Pro Bewegungseinheit wird sich auf ein Geräteangebot beschränkt.

- Die Kinder probieren die unterschiedlichen Bälle in ihren Eigenschaften aus, indem sie diese rollen, tragen, springen lassen, werfen, mit dem Fuß anstoßen, sich draufsetzen etc.
- Die Kinder balancieren barfuß über das Seil, legen damit Formen, legen den eigenen Körper nach, rollen es klein auf, legen es ganz lang hin, verstecken es unter ihren Füßen etc.
- Die Kinder balancieren auf dem Reifen, umrunden ihn außerhalb und innerhalb, springen hinein und heraus, rollen ihn, lassen ihn kreiseln etc.
- Die Kinder gehen oder hüpfen über die verschiedenen Matten, rollen von einem Ende zum anderen, wickeln sich in dünne Matten ein, verschieben dicke Matten (gemeinsam) etc.
- Die Kinder bewegen sich in unterschiedlichen Arten über die Bank, kriechen unten hindurch, ziehen sich eine schräg gestellt Bank hoch, treffen sich zu zweit auf der Bank und tauschen die Plätze etc.

Bewegungsspiele zu Nähe und Distanz

Es ist wichtig, dass Kinder eigene Bedürfnisse nach Nähe und Distanz zeigen können, aber auch die Bedürfnisse anderer Kinder erkennen und akzeptieren.

Bei den Bewegungsangeboten in der Kita können immer wieder Übungen zum Erfahren von Nähe und Distanz einfließen.

Erste Kontakte

Alter: ab 4 Jahren
Material: Tamburin, Schlägel

Die Spielleitung schlägt auf dem Tamburin schnelle bzw. langsame Takte und die Kinder bewegen sich dazu im Raum. Auf einen lauten Schlag hin stoppen alle Kinder und erhalten eine Aufgabe, z. B.:

- zwei Kinder berühren sich gegenseitig mit den Handflächen,
- zwei Kinder stehen Po an Po (Kopf an Kopf, Rücken an Rücken),
- alle Kinder fassen sich an den Händen und bilden einen Kreis,
- alle Kinder sitzen im Kreis und berühren sich mit den Füßen etc.

Aktiv – Passiv

Alter: ab 4 Jahren

Zwei etwa gleich starke Kinder stehen sich gegenüber, strecken die Arme in Schulterhöhe gerade nach vorne und legen die Handflächen aneinander. Ein Kind beginnt nach Absprache, das andere Kind rückwärts zu schieben. Die Kinder verständigen sich, wann die Rollen getauscht werden.

Einander vertrauen

Alter: ab 4 Jahren
Material: Augenbinde

Zwei Kinder bilden ein Paar. Eines bekommt die Augen verbunden. Das andere Kind stellt sich hinter dieses Kind, fasst es an die Schultern und führt es vorsichtig durch den Raum. Die Kinder signalisieren, wann es unangenehm wird und gewechselt werden soll.

Wenn die Augenbinde unangenehm ist, schließen die Kinder die Augen.

Angriff und Abwehr

Alter: ab 4 Jahren
Material: aufgeblasene Luftballons

Zwei Kinder bilden ein Paar. Jedes Kind bekommt einen Luftballon. Damit dürfen sie sich gegenseitig „schlagen". Hebt ein Partner die freie Hand und sagt laut „Stopp", wird der „Angriff" sofort beendet.

Die Kinder haben die Möglichkeit, gemeinsam „Kampfregeln" zu bestimmen, z. B. keine Treffer an den Kopf, nur auf die Arme zielen etc.

Schwindeln erlaubt

Ein spannendes Würfelspiel, das großen Spaß macht. Je mehr SpielerInnen mitmachen, desto besser wird es. Auch Kinder, die ausscheiden, verfolgen mit Spannung, welcher Schwindel aufgedeckt wird und welcher Spieler richtig gut schwindeln kann.

Alter: ab 5 Jahren
Material: weißer Fotokarton, Schere, Lineal, schwarzer Filzstift, Buntstifte in den Farben wie der Würfel, Laminiergerät, Würfelbecher, Bierdeckel, ein Würfel mit den Farben Rot, Gelb, Blau, Grün, Orange und Lila

Die pädagogische Fachkraft schneidet den Fotokarton in der Größe von 24 cm x 3 cm zu und teilt ihn in zwölf gleich große Felder. Sie umrahmt die Felder mit einem schwarzen Filzstift. Diese Felder werden nacheinander mit den sechs Farben ausgemalt. Die Reihenfolge wird nochmals wiederholt. Zur besseren Haltbarkeit wird die Farbleiste laminiert.

Nun beginnt das Spiel. Die Farbleiste liegt in der Mitte des Tisches. Sie dient zur Orientierung für die Kinder. Wichtig ist, dass die Kinder sich die Reihenfolge der Farben gut einprägen.

Es wird reihum gewürfelt. Das erste Kind schüttelt den Becher, auf dem der Bierdeckel aufliegt. Es dreht den Becher um, so dass der Würfel auf dem Bierdeckel aufliegt. Nun hebt es den Becher leicht an, sodass es gerade darunter schauen kann, ohne dass die anderen Kinder den Würfel sehen. Das Kind benennt die Farbe, die darunter liegt, z. B. Rot. Es deckt den Würfel wieder zu, ohne dass die anderen Kinder diesen sehen und gibt den Würfelbecher weiter.

Das nächste Kind ist an der Reihe. Anhand der Farbleiste kann es erkennen, dass nach Rot die Farbe Orange kommt. Es würfelt und schaut darunter, deckt den Würfel wieder zu und sagt „Orange", auch wenn das eventuell gar nicht stimmt.

Das nächste Kind ist nun am Zug und muss überlegen, ob das vorherige Kind geschwindelt hat oder nicht. Wenn es dem Kind nicht traut, deckt es den Würfel auf. Liegt tatsächlich die Farbe Orange auf dem Bierdeckel, ist das Kind, welches aufgedeckt hat, ausgeschieden. Hat das Kind geschwindelt, und der Würfel zeigt eine andere Farbe, ist dieses Kind ausgeschieden. Deckt das Kind aber nicht den Würfel auf, kann es selbst würfeln und muss dann die nächste Farbe der Farbleiste benennen.

Wenn ein Kind ausscheidet, beginnt das Spiel von neuem. Sieger des Spiels ist das Kind, welches bis zum Schluss nicht ausscheiden musste.

Hinweis: Wichtig ist eine gute Einführung durch die Spielleitung, damit die Kinder von Beginn an wissen, worauf sie achten müssen. Proberunden helfen ungeübten Spielern. Wichtig sind z. B. ein ernster Blick, obwohl man schwindelt und eine gute Haltung des Würfelbechers. Außerdem sollte man schon bevor man an der Reihe ist, nachschauen, welche Farbe man würfeln muss.

Freunde-Kekse backen

Als Zeichen der Wertschätzung backen die Kinder Kekse und verschenken sie an ein Kind, das sie mögen.

Alter: ab 5 Jahren
Material: Waage, Frischhaltefolie, Nudelholz, Backblech, Backpapier, ein Glas, Messer, Bleistift, ggf. Mehl zum leichteren Ausrollen

Zutaten: 375 g Mehl, 250 g Butter, 125 g Zucker, 5 Eigelb, abgeriebene Schale einer halben Zitrone
Für die Dekoration: Backdeko, Lebensmittelfarbe als Stift

Die Kinder wiegen alle Teigzutaten ab und verkneten diese zu einem Mürbeteig. Den fertigen Teig packen sie in Frischhaltefolie und legen ihn mindestens eine Stunde in den Kühlschrank.

Immer zwei bis drei Freunde gehen gemeinsam zum Backen. Die pädagogische Fachkraft hilft, wenn nötig, beim Ausrollen des Teiges (mind. 0,5 cm dick). Die Kinder halten das Glas auf den Kopf und stechen mit dem Rand runde Kekse aus dem Teig aus. Vorsichtig legen sie die Teigkreise auf das mit Backpapier ausgelegte Backblech. Die Kinder fragen sich gegenseitig, wie der Keks dekoriert werden soll. Sie gestalten mit Backdeko und Stiften aus Lebensmittelfarbe für ihren Freund bzw. ihre Freundin einen Freunde-Keks. Neben den Keks schreibt die Fachkraft mit Bleistift den Namen des Kindes auf das Backpapier.

„Wie fühlst du dich heute?“

Bei diesem Kreisspiel steht die Förderung von Empathie im Vordergrund.

Alter: ab 4 Jahren

Zunächst erklärt die Spielleitung allen Kindern, wie man sich zu den einzelnen Gefühlslagen bewegt. Dazu bietet sich ein kurzes Warm-up an oder ein Kind macht die Bewegungen vor.

- „Ich bin froh“: Fröhlich durch den Kreis zu einem anderen Stuhl tanzen.
- „Ich bin traurig“: Schluchzend mit hängendem Kopf zu einem anderen Stuhl schlurfen.
- „Ich bin wütend“: Mit wütender Miene und laut schreiend zu einem anderen Stuhl stampfen.
- „Ich hab’ Angst“: Sitzen bleiben und die Arme um den Oberkörper schlingen.
- „Ich bin verliebt“: Handkuss-werfend zu einem anderen Stuhl gehen.
- „Ich bin mutig“: Auf den eigenen Stuhl steigen und hinunterhüpfen und zu einem anderen Stuhl gehen.

Im Kreis steht ein Stuhl weniger, als Kinder da sind. Die Kinder sitzen auf ihren Stühlen. Ein Kind steht in der Mitte, geht zu einem anderen Kind und fragt: „Wie fühlst du dich heute?“ Das Kind antwortet darauf z. B. „Ich bin froh“. Dann stehen alle Kinder auf und tanzen zu einem anderen Stuhl. Das Kind, das nun keinen Platz bekommt, darf jetzt wieder jemand anderen fragen.

Es können auch andere Gefühle thematisiert und dargestellt werden.

Kommunikation und Konfliktlösung

„Die ganze Kunst der Sprache besteht darin, verstanden zu werden." (Konfuzius)

Wir kommunizieren täglich, ob bewusst oder unbewusst. Aber nur 7 % unserer Kommunikation ist verbale Kommunikation und bezieht sich auf den Sinn und Inhalt des Gesagten. 55 % Prozent teilen wir unserem Gegenüber durch unsere Körpersprache mit und 38 % macht der Klang unserer Stimme aus und die Art und Weise, wie wir unseren Gesprächspartner ansprechen. Besonders für jüngere Kinder, die komplexere Inhalte noch nicht verstehen können, haben Gestik und Mimik große Bedeutung. Diese nonverbale Kommunikation, also Gesichtsausdruck, Bewegungen unserer Hände oder des Kopfes und Stimmklang, spielen sich auf der Beziehungsebene ab. Wie fühlt sich ein Kind, wenn es z. B. mit lauter Stimme ermahnt wird? Kommunikation prägt daher die Beziehung zum Kind und hat somit Auswirkung auf seine Entwicklung und sein Selbstbild.

Der Erwerb von Sprachvermögen und Wortschatz trägt zu einer gelingenden Kommunikation zwischen Kindern bei. Aber auch im gemeinsamen Spielen entwickelt sich Kommunikationsfähigkeit. Die Kinder erleben sich dabei gegenseitig mit ihren Gefühlen, empfinden z. B. gemeinsam Freude, wenn der große, gebaute Turm stehen bleibt oder Ärger, wenn der Turm ständig zusammenbricht. So erlernen Kinder Mitgefühl, Hilfsbereitschaft, Verständnis für andere und üben sich darin, Gefühle zuzulassen und schwierige Situationen zu bewältigen. All das sind wichtige Fähigkeiten, die zu einer gelingenden Kommunikation beitragen.

Eine gute Kommunikation schafft Wohlbefinden und vermittelt dem Kind Akzeptanz und Respekt. Es entwickelt sich gegenseitiges Vertrauen und somit kann gemeinsames Spielen stattfinden.

Kommunikative Kompetenz erlernen Kinder nicht von heute auf morgen. Kinder können besonders von positiven kommunikativen Verhalten der Bezugspersonen profitieren. Vielfältige achtsame Spiel- und Gesprächsangebote beeinflussen die Kommunikationsfähigkeit. Dennoch bringt der Alltag Konflikte mit sich, wie sie in jeder Kita oder in jeder Familie immer wieder zu finden sind. Oftmals neigen wir Erwachsene dazu, schnell einzugreifen und den Streit unter den Kindern abzufedern. Doch jeder Konflikt birgt auch eine Lernsituation für Kinder, die manchmal von Eltern oder ErzieherInnen begleitet werden muss, um sie für alle Beteiligten gut lösen zu können. Raufende Kinder müssen voneinander getrennt und weinende Kinder getröstet werden, aber wie geht es dann weiter? Denn auch wenn auf den Kratzer gepustet wird und die Tränen getrocknet sind, ist es wichtig, sich mit dem Konflikt auseinanderzusetzen: Was ist passiert? Warum lässt jemand mich nicht mitspielen? Warum ist der andere wütend? Was können wir tun, damit es uns wieder gut geht? Diese Konfliktgespräche benötigen eine empathische, unparteiische Begleitung eines Erwachsenen.

In der Kita ist es wichtig, dass Kinder sich als eine Gruppe erleben und sich dadurch ein Wir-Gefühl entwickeln kann. Jeder hat seinen Platz in dieser Gruppe. Und jeder hat eine Stärke, mit der er sich in die Gruppe einbringen kann. Gerade im Morgenkreis lassen sich Gruppen- und Gesprächsregeln gut einführen und verfestigen. In Gesprächen können Situationen und Konflikte dargestellt und diskutiert werden.

Eine gute Kommunikation schafft eine gute Beziehung und die Fähigkeit, Konflikte zu lösen.

Symbole

Nonverbale Symbole werden besonders von und für Kinder eingesetzt, die nicht sprechen können oder die deutsche Sprache erst erlernen müssen. Anhand dieser Symbole können sie mitteilen, dass sie sich im Streit befinden, dass sie Hilfe brauchen und dass sie sich versöhnt haben.

Symbol für Streit

Wenn Kinder streiten, wird es oft laut. Emotionen schaukeln sich hoch. Jeder fühlt sich im Recht. Oft fallen verletzende Worte oder Schimpfwörter und nicht selten fließen Tränen. Ein Blitz zwischen zwei Kindern ist das Symbol für Streit.

Alter: ab 4 Jahren
Material: weißer Fotokarton, Filzstifte, gelber Fotokarton, Schere, Klebestift

Die Kinder malen ein wütendes und ein trauriges Gesicht auf den weißen Fotokarton. Auf den gelben Fotokarton zeichnet die pädagogische Fachkraft einen Blitz auf. Diesen schneiden die Kinder aus und kleben ihn zwischen die beiden Gesichter.

Symbol für Hilfe

Immer wieder gibt es (Konflikt-)Situationen, in denen Kinder Hilfe von Erwachsenen suchen, weil sie selbst nicht weiter wissen. Ein Rettungsring ist das Symbol für Hilfe.

Alter: ab 4 Jahren
Material: Malkittel, Malunterlage, ein Ring aus Schaumstoff oder Styropor ca. 15-20 cm Durchmesser, Gipsbinden, Schere, Wasser, Pinsel, rote Farbe, Paketschnur

Die Kinder ziehen sich die Malkittel an und decken den Tisch mit einer Unterlage ab.

ErzieherIn und Kinder schneiden gemeinsam die Gipsbinden in kleinere Stücke. Sie befeuchten die Stücke mit Wasser und legen diese Schicht für Schicht glatt um den Schaumstoffring – ideal sind zwei bis drei Schichten.

Der Ring wird für mehrere Stunden zum Trocknen gelegt.

Die pädagogische Fachkraft markiert die zu färbenden Flächen auf dem Schaumstoffring. Diese malen die Kinder mit Pinsel und roter Farbe an.

Nach dem Trocknen bringen Kinder und ErzieherIn die Paketschnur an dem Ring an.

Symbol für Versöhnung

Streit gibt es überall. Doch Versöhnung ist nicht selbstverständlich. Deshalb ist es wichtig, dass Versöhnung genauso hoch bewertet wird, wie der Konflikt selbst. Besonders für Kinder, die miteinander befreundet sind, ist Versöhnung von großer Bedeutung. Das Symbol für Versöhnung sind lachende Hände.

Alter: ab 4 Jahren
Material: Malkittel, Malunterlage, Fingerfarbe, Pinsel, Gefäße für die Farbe, weißer Fotokarton, Schere, 4 Wackelaugen, schwarzer Permanentmarker, Klebestift

Zwei Kinder ziehen sich einen Malkittel an und decken den Tisch mit einer Unterlage ab.
Sie bemalen sich selbst oder gegenseitig mit verschieden Farben eine Hand bunt. Die farbige Hand drücken sie auf den weißen Fotokarton und legen die Abdrücke dann zum Trocknen.

Anschließend schneiden sie die Handabdrücke mit der Schere aus. In die obere Hälfte der bunten Handflächen kleben die Kinder mit Klebestift jeweils zwei Wackelaugen. Darunter malen sie mit einem Permanentmarker einen großen lachenden Mund. An den Daumen kleben sie die Kartonhände zusammen.

Theatergeschichte

Diese Geschichte eignet sich gut als Theaterstück, um Kindern zu verdeutlichen, wie wichtig es ist, einander zuzuhören und wie bereichernd das sein kann.

So ein Geplapper

Im großen Zoo „Tierisch gut“ leben sooooo viele Tiere. Man braucht einen ganzen Tag, um alle Gehege zu besuchen. Und es ist immer jede Menge los. Viele Kinder kommen mit ihren Familien zu Besuch oder sogar ganze Schulklassen und Kindergartengruppen sind da.

Heute Morgen sind noch nicht viele Menschen unterwegs. Auch im Papageienkäfig ist es ruhig. Zoni, der Amazonenpapagei, hat noch seinen Kopf unter sein Gefieder gesteckt. Im Nachbargehege bewegt sich Schildkröte Hilda mit ihrem großen, schweren Panzer langsam von Grashalm zu Grashalm. Sie genießt die kühle Morgenluft. „Einen wunderschönen guten Morgen, liebe Hilda“, krächzt es plötzlich von nebenan. Zoni ist aufgewacht. „Na, schon einen Grashalm verspeist? Was ist denn heute wieder für ein unglaublich schönes Wetter. Hast du schon gesehen? Die Sonne scheint!“ „Mmh“, murmelt Hilda. „Oh, da kommen die ersten Schreihälse!“, lästert Zoni. Hilda schaut sich um. Eine Familie mit zwei Kindern nähert sich ihnen.

„Da ist der Papagei“, ruft das blonde Mädchen. Und schon geht es los. Zoni plustert sich auf, klappert mit dem Schnabel und fliegt an den Zaun zu Hilda. „Da ist ein Papagei“, äfft er das Mädchen nach. „Natürlich bin ich ein Papagei, eine Amazone, um genau zu sein, und ich hab' das schönste grüne Gefieder weit und breit.“ Selbstverständlich kann das Mädchen Zoni nicht hören, aber Hilda schon.

Die nächsten Kinder kommen vorbei. Ein Junge klettert auf den Zaun, um besser sehen zu können. „Hilda, Hilda, du glaubst es kaum, was der kleine Bub sich da erlaubt. Hilda, mach mal die Augen auf, das gibt's doch nicht. Sieh mal, was der macht! Der meint wohl auch, er ist der tollste Typ auf der Welt! Hast du das gesehen? So eine Frechheit! Und wie der mich angesehen hat, als hätte ich Windpocken. Ich und Windpocken, da lachen ja die Hühner! Hilda?"

„Hmmm?", murmelt Hilda. Sie hat gar nicht zugehört. Zoni erzählt den ganzen Tag lang Geschichten, regt sich über die Zoobesucher auf und findet sich selbst ganz toll. Oft hört Hilda gar nicht zu, denn dieses ständige Geplapper langweilt sie. „Hilda! Schläfst du schon wieder? Nein, ist es denn zu fassen? Da hat ein Junge ein Papageien-T-Shirt an. Ein Papagei mit rotem Gefieder drauf, also der Junge hat gar keinen Geschmack. Ich muss doch gleich mal eine Runde fliegen und mich präsentieren. Dann wird er einsehen, dass er sein T-Shirt zum Fahrrad polieren benutzen kann." Zoni fliegt mehrere Runden durch den Käfig und landet elegant auf dem Baumstumpf. „Hilda, der T Shirt Typ ist jetzt einfach weitergelaufen und hat mir gar nicht zugeschaut." Heute hat Zoni keinen guten Tag, denkt Hilda. Es ist erst früher Vormittag und Zoni quasselt in einer Tour völlig uninteressante Dinge. „Hilda", ruft es wieder. „Also, du bist echt eine Trantüte. Du könntest wirklich einmal etwas mehr zu unserer Unterhaltung beitragen, als ‚Mmmh' oder ‚Hmm'." Hilda schaut unter ihrem Panzer hervor: „Ich finde, du redest so viel, das reicht für uns beide." Empört reckt Zoni den Hals: „Ich? Ich rede zu viel? Ich bin eine Amazone, ich muss viel reden. Soll ich etwa den ganzen Tag schweigen? So wie du? Das wäre doch dann sterbenslangweilig. Jetzt stell dir doch mal vor, ich würde den ganzen Tag nur ‚Hmm' oder ‚Mmh' sagen? Das wäre doch für dich ..."

„Himmlisch. Himmlisch wäre das. Dann könnte ich ja auch mal etwas sagen", schmunzelt Hilda. Jetzt schaut Zoni schon ziemlich verblüfft. „Ja, aber du hast doch gar nichts zu erzählen. Du hockst den ganzen Tag unter deinem Panzer und schläfst. Oder etwa nicht?" „Das glaubst du vielleicht. Manchmal macht mich dein Geplapper wirklich sehr müde. Aber weißt du, du stellst auch keine Fragen an mich, auf die ich antworten könnte." Zoni weiß gar nicht, was mit Hilda los ist. „Fragen? Ich soll dir Fragen stellen?" Hilda streckt den Kopf zu ihm herüber. „Genau, du fragst, ich antworte und du hörst mir dabei zu." Total verdattert reckt Zoni den Kopf. „Ich? Zuhören? Ich weiß nicht ... Was soll dabei denn rauskommen?" „Na, eine Unterhaltung, ein Gespräch!" Jetzt ist Zoni ein kleines bisschen sprachlos. 1, 2, 3, 4, 5, einige Sekunden vergehen, dann meint er: „Ich weiß nicht, was ich dich fragen soll ..."

Hilda schüttelt den Kopf: „Was weißt du denn von mir?" Zoni strahlt. „Du bist eine Schildkröte, mmh, und meine Nachbarin, mmh, und sehr ruhig, mmh. Mehr muss ich doch eigentlich gar nicht wissen, oder?" Hilda schüttelt den Kopf: „Dann weißt du ja fast gar nichts über mich. Aber ist ja nicht schlimm, dann schlafe ich mal wieder weiter und du erzählst mir wieder alles über die netten Zoobesucher." Hilda kriecht wieder unter ihren Panzer. Ratlos plustert Zoni sich auf. „Hä, ich versteh das jetzt nicht, wolltest du dich nicht unterhalten?" Von Hilda hört er nichts. „Ach, Mensch, Hilda jetzt komm schon, jetzt sag mal, was so toll daran ist, den ganzen Tag unter diesem gewaltig schweren Panzer zu sein?"

Da schaut Hilda doch hervor und lächelt: „Willst du das wirklich wissen?" „Ja, will ich! Also?" „Ich denke mir Geschichten aus, wunderschöne, spannende, lustige, traurige gruselige Geschichten." Zoni rollt mit den Augen, flattert zum Busch und macht es sich bequem. „Geschichten, hmm, eine lustige Geschichte

würde ich mir mal anhören." Und nun beginnt Hilda zu erzählen. Tatsächlich lauscht Zoni ihren Worten, manchmal lacht er, und hin und wieder sagt er etwas dazu. Am Ende schlägt er mit den Flügeln um sich: „Applaus! Applaus!"

Von nun an sieht man Hilda und Zoni oft gemeinsam. Nur der Zaun trennt sie noch. Und wenn Zoni mal wieder ohne Ende losplappert, dann verkriecht Hilda sich wieder und denkt sich neue Geschichten aus. Aber oft unterhalten sich die beiden auch und lachen zusammen über die Zoobesucher.

Um die Geschichte als Theaterstück aufzuführen, benötigt man nur die Hauptakteure Zoni und Hilda und ein Mädchen, das Zoni als Papagei erkennt. Diese Figuren können schnell aus Fotokarton hergestellt werden. Sie werden an einen Schaschlikspieß oder einem kleinen Stöckchen befestigt. Weitere Requisiten, wie z. B. ein Zaun, ein Busch oder ein Baumstumpf, können hinzugefügt werden.

Philosophieren mit Kindern

Was sind eigentlich philosophische Fragen? Kurz beantwortet sind das Fragen, die sich durch wissenschaftliche Recherche nicht beantworten lassen. Das bedeutet, dass es kein Richtig oder Falsch gibt, sondern viele mögliche Antworten. Außerdem werden philosophische Fragen so formuliert, dass sie das Wesen einer Sache betreffen. Philosophieren mit Kindern kann auf unterschiedlichen Grundlagen geschehen:

- Ethische Fragen (Können Blumen traurig sein? Wie erkenne ich, dass jemand mein Freund ist? Gibt es den lieben Gott?)
- Erkenntnisfragen (Warum heißt die Hose Hose? Wo geht die Zeit hin?)
- Anthropologische Fragen (Weiß der Vogel, dass er ein Vogel und keine Spinne ist? Woher weiß er das? Gibt es mich noch einmal irgendwo auf der Welt?)

Fair oder unfair?

Dieses Angebot eignet sich gut zum Einstieg in das Philosophieren.

Alter: ab 5 Jahren
Material: Malpapier, Buntstifte, bunte, 2 cm breite Tonpapierstreifen, Klebstoff, Scheren

Die pädagogische Fachkraft beginnt das Angebot mit folgender Einleitung:

Jan und Paul treffen sich am Nachmittag auf dem Spielplatz. Jan sagt zu Paul: „Mit Luke spiele ich morgen im Kindergarten nicht mehr!" „Warum?", fragt Paul erstaunt. Jan antwortet: „Der ist immer voll unfair!"

Die Kinder malen einen der Jungen auf dem Spielplatz. Über seinem Kopf malen sie eine große Denkblase. In die hinein malt jedes Kind etwas, von dem es denkt, dass es unfair ist. Anschließend wird über das Gemalte gesprochen.

Mit den bunten Tonpapierstreifen geben die Kinder ihrem Bild anschließend einen Rahmen. Werden die Bilder für die Eltern sichtbar aufgehängt, sind auch diese eventuell zum Philosophieren eingeladen.

Hinweis: Als ErzieherIn muss man sich nicht selbst mit dem Wesen der Philosophie auskennen. Man muss allerdings bereit sein, sich auf die Sinnfragen der Kinder einzulassen und den Kindern die Möglichkeit eröffnen, ihre Gedanken frei zu verfolgen ohne dabei Lösungen vorzugeben.

Unser Puzzle

Dieses Puzzle gestalten immer zwei oder drei Kinder gemeinsam. Dabei müssen sie miteinander ins Gespräch kommen und abklären, welche Teile ihr Puzzle enthalten soll.

Alter: ab 4 Jahren
Material: 5 Blankopuzzle der gleichen Art aus Pappe á ca. 9–15 Teile (z. B. im Kita-Fachhandel erhältlich), gut deckende Buntstifte oder Fasermaler, Kataloge und Zeitschriften, Schere, Klebstoff, kleine Kästchen (so viel wie ein Puzzle Teile hat), ein größerer Kasten für die Rahmen

Das Team sucht je nach Anzahl der Puzzleteile Kategorien aus und bemalt oder beklebt die Teile einzeln mit dazu passenden Bildern. Kategorien können sein:

- Smileys
- Farben
- Spielzeug
- Lebensmittel
- Kleidungsstücke
- Tätigkeiten
- Wetter
- Tiere
- Fahrzeuge
- Pflanzen
- Gesichter
- Sportarten

Wichtig ist, dass jeweils die gleichen Puzzleteile der fünf Puzzles Motive der gleichen Kategorie erhalten.

Die pädagogische Fachkraft nimmt z. B. aus allen Puzzles zuerst das linke obere Teil heraus. Die Kinder malen auf jedes dieser Teile beispielsweise einen unterschiedlichen Smiley (fröhlich, wütend, enttäuscht, traurig, ängstlich).

Diese fünf Teile kommen nun in ein Kästchen.

Nun nimmt die Fachkraft aus jedem Puzzle das zweite Teil in der oberen Reihe heraus und lässt es von den Kindern mit unterschiedlichen Spielzeugen bemalen oder bekleben. Die fertigen Teile kommen in ein neues Kästchen.

Die dritten Teile aus jedem Puzzle erhalten unterschiedliche Farben und werden ebenfalls in einem Kästchen verstaut.

So wird mit allen Puzzleteilen verfahren. Wenn alle Teile fertig sind, nehmen sich die Kinder einen Rahmen und aus jedem Kästchen immer ein Puzzleteil, für das sie sich gemeinsam entscheiden.

Hinweis: Wenn die Puzzles keinen festen Hintergrund haben, müssen die Rahmen vor der ersten Nutzung auf Pappe geklebt werden.

Streitschlichter

Alter: ab 5 Jahren

Aus den Schulen ist das Projekt „Streitschlichter" sicher bekannt. Aber auch einige Kinder im letzten Kita-Jahr können in eingeschränkter Form diese Aufgabe durchaus übernehmen. Dazu bekommen sie eine richtige „Ausbildung" und werden anschließend in ihre Funktion eingeführt.

Die Ausbildung beinhaltet insgesamt sieben Module, sodass sich die Kinder z.B. sieben Wochen hintereinander an einem bestimmten Tag treffen, um sich ihr „Diplom" zu erarbeiten. Die Streitschlichter- Gruppe sollte nicht mehr als vier Kinder umfassen.

Als Grundlage der „Ausbildung" dient die Geschichte: „Die Ritterburg" in diesem Buch.

Modul 1: Beobachten und Wahrnehmen

Material: Geschichte „Die Ritterburg" (siehe S. 40 ff.)

Die pädagogische Fachkraft liest den Kindern die Geschichte „Die Ritterburg" vor. Anschließend geben die Kinder die Geschichte mit eigenen Worten wieder. Sie können sich dabei natürlich gegenseitig ergänzen. Die Fachkraft achtet darauf, dass die Kinder die Taten nicht bewerten oder für einen Akteur Partei ergreifen.

Die Kinder dürfen zum Abschluss von Streitsituationen berichten, die sie selbst erlebt oder gesehen haben.

Modul 2: Gefühle wahrnehmen, äußern und darstellen

ErzieherIn und Kinder fassen die Geschichte noch einmal zusammen. Die Kinder überlegen, wie sich die Akteure in der Geschichte wohl in den unterschiedlichen Situationen gefühlt haben. Diese Gefühle stellen sie mimisch, gestisch und in besonderen Körperhaltungen dar. Die Kinder üben so, den Gefühlsstatus zu erkennen und zu interpretieren.

Modul 3: Zuhören üben

Die pädagogische Fachkraft bittet einen Kollegen/eine Kollegin bei diesem Modul um Unterstützung. Gemeinsam spielen sie den Kindern zwei kurze Szenen vor: Eine Fachkraft erzählt der anderen ein Erlebnis. Diese zeigt einmal aktives, interessiertes Zuhören und einmal unaufmerksames, desinteressiertes Zuhören. Die Kinder reflektieren, welche Art des Zuhörens wertschätzender ist und überlegen, worauf es beim Zuhören ankommt.

Die Kinder spielen anschließend selbst auch eigene Szenen.

Modul 4: Bedürfnisse erfragen

Material: ein großer Bogen Papier, Farbstifte

Anhand der Einführungsgeschichte überlegen die Kinder, was den jeweiligen Akteuren wichtig sein könnte, damit es ihnen wieder besser geht. Die Kinder finden Symbole für diese Bedürfnisse (z.B. Trost, Zuhören, Unterstützung durch die pädagogische Fachkraft, Vertragen ...) und malen sie auf.

Modul 5: Streitregeln festlegen

Material: ein großer Bogen Papier, Farbstifte

ErzieherIn und Kinder suchen gemeinsam Regeln, legen diese fest und malen sie auf. Wichtig ist, dass so wenig Regeln wie möglich verwendet werden. Ändern sich die Bedingungen, werden die Regeln angepasst.

Modul 6: Streit schlichten

Material: Geschichte „Die Ritterburg" (siehe S. 40 ff.)

Die pädagogische Fachkraft liest die Geschichte noch einmal bis zum Beginn des Streits vor. Zwei Kinder spielen die Szene nach. Die Fachkraft stellt klar, dass Streit wichtig und nichts Schlimmes ist. Sie erklärt, dass man nur manchmal aus der Situation nicht alleine herausfindet und deswegen Hilfe nötig ist. Wichtig ist, dass am Ende für alle eine gute Lösung gefunden wird.

ErzieherIn und Kinder besprechen, wie ein Streitschlichter eingreifen kann. Auch hierfür gibt es einen geregelten Ablauf:

- 1. Frage: „Kann ich euch helfen?"
- 2. Frage: „Worüber seid ihr in Streit geraten, was ist passiert?"
- 3. Frage: „Wie kann es weitergehen?"
- 4. Frage: „Welche Bitte/Welchen Wunsch hat jeder Einzelne?"
- 5. Frage: „Welche Lösung können wir finden?"

Die Beteiligten geben sich die Hand als Zeichen der Versöhnung.

Wird keine Lösung gefunden, fragt der Streitschlichter, ob er einen Erwachsenen zu Hilfe holen soll.

Modul 7: Üben und Diplomverleihung

Material: Diplom

Zwei Kinder spielen Streitszenen nach und ein Kind übt sich als Streitschlichter. Danach wechseln die Rollen mehrmals.

Anschließend bekommen alle TeilnehmerInnen ihr Diplom. Die pädagogische Fachkraft sichert ihnen zu, dass sie immer einen Erwachsenen zu Hilfe holen können und die Aufgabe des Streitschlichters jederzeit auch wieder abgeben dürfen.

Fotogeschichte

Alter: ab 4 Jahren
Material: Foto auf S. 77, ggf. Kopierer

Auf dem Foto sieht man Kinder in Aktion/Interaktion miteinander. Über dieses Foto kommen ErzieherIn und Kinder miteinander ins Gespräch. Die Kinder beschreiben ihre Gedanken dazu und bekommen so Zugang zu Emotionen. Folgende Fragen dienen dem Einstieg in das Gespräch. Am besten geschieht das in einer Einzelsituation:

- Was siehst du auf dem Foto?
- Sind die Kinder miteinander befreundet?
- Mögen sich alle Kinder auf dem Foto gleich gerne?
- Was denkst du, fühlen die Kinder?
- Kennst du solche Gefühle?
- Wer könnte helfen?
- Wie kann man helfen?
- Ist es in Ordnung, auch mal anderen zu sagen, dass man alleine oder nur mit seinem besten Freund oder seiner besten Freundin spielen möchte?
- Wie kann man das tun?

Hinweis: Auch bei Kindern, die sich verbal nicht so gut äußern können, ist ein Einsatz des Fotos möglich. Emoticons dienen dann als Hilfe, mit denen die Kinder die Gefühle ausdrücken. Auch Figuren aus der Bauecke können genutzt werden, um das Foto nachzustellen und Varianten auszudrücken.

Unsere Gefühlswelt

Alter: ab 4 Jahren

Mit einer Collage aus zahlreichen Fotos wird sichtbar gemacht, wie sich Gefühle normalerweise im Gesicht ablesen lassen, aber dass auch Gesten und Gebärden zum Verständnis der Gefühle beitragen und kommunikativ sind. Das Erkennen von Gefühlen spielt in der Kommunikation eine große Rolle.

Starke Gefühle in der Mimik erkennen

Material: Spiegel

Es eignen sich die Gefühle Freude, Angst, Trauer, Wut, Ekel und Erschrecken.

Diese Gefühle lassen sich gut in einer Kleingruppe thematisieren: Wie schaue ich wütend, ängstlich und traurig? Im Spiegel sehen die Kinder, ob ihre Mimik auch zum jeweiligen Gefühl passt.

Starke Gefühle in der Gestik erkennen

Es eignen sich die Gefühle Ratlosigkeit, Enttäuschung, Stolz und Schmerz.

ErzieherIn und Kinder beraten sich, wie diese Gefühle durch Gestik (Bewegungen von Kopf und Händen) und Mimik dargestellt werden können. Hilfreich sind Beispiele wie z. B. „Stellt euch vor, ihr habt das Siegtor beim Fußball in einem Turnier geschossen und jetzt jubelt ihr und seid richtig stolz, dass ihr das geschafft habt. Welche Bewegungen macht ihr in der Situation und wie sieht dabei euer Gesicht aus?" Anhand von Beispielen wie diesem können sich Kinder besser mit dem Gefühl identifizieren.

Starke Gefühle in Gebärden verstehen

Dafür eignen sich die Gefühle Liebe, Entspannung, Trauer, Wut und Erschrecken.

Die pädagogische Fachkraft verdeutlicht den Kindern, was eine Gebärde ist und warum es diese gibt. Gebärden zeigen nicht nur Gefühle, sondern Gebärden gibt es für ganz viele Wörter auf der Welt. Es gibt verschiedene Gebärdensprachen, aber die Kinder können auch eigene Gebärden erfinden, z. B.:

- Hand auf das Herz für Liebe,
- Arme hinter dem Kopf verschränken und zurücklehnen für Entspannung,
- mit den Fingern Tränen die Wange hinunterlaufen lassen für Trauer.

Collage

Material: Fotoapparat, 1 Bogen Fotokarton, Klebestift, Buntstifte

Die pädagogische Fachkraft macht zu jedem Gefühl Fotos von den Kindern. Manche Gefühle lassen sich gut in Mimik, manche gut in Gestik und wiederum manche einfacher in Gebärden darstellen.

Beim Betrachten der Fotos entdecken die Kinder, welches Foto welches Gefühl darstellt. Sie suchen nach Ähnlichkeiten und Unterschieden. Dann sortieren die Kinder die Fotos nach Mimik, Gestik und Gebärde und kleben sie auf den Fotokarton. Mit Buntstiften gestalten sie die Collage aus (z. B. Herzen malen um die Liebe-Fotos, Smileys bei Freude etc.)

Hinweis: Es ist zu beachten, dass die Fotoerlaubnis der Erziehungsberechtigten vorliegt.

Rote Karte - Gelbe Karte - Grüne Karte

Konflikte entstehen dadurch, dass Bedürfnisse der handelnden Personen nicht übereinstimmen. Das erzeugt auf allen Seiten starke Gefühle, die zu Spannungen führen. Die Karten können bei Konflikten zur Unterstützung eingesetzt werden.

Alter: ab 3 Jahren
Material: Kopierer, Kopierpapier, Kopiervorlage S. 85, Laminiergerät, Laminierfolie

Die pädagogische Fachkraft vergrößert die Karten und laminiert sie zur besseren Haltbarkeit.

Die erste Stufe eines Konflikts ist immer die „Ärgerphase“. Die Beteiligten werden wütend, laut, beschimpfen sich oder attackieren sich sogar. In dieser Phase ist es am besten, die Kontrahenten erst einmal zu trennen. Sie bekommen die „Rote Karte“ gezeigt. Das kann von der Fachkraft ausgehen, aber auch andere Kinder oder z. B. die StreitschlichterInnen können eingreifen. Daraufhin begeben sich die Betroffenen in unterschiedliche Bereiche.

Die zweite Stufe ist die „Beruhigungsphase“. Den Kindern wird die „Gelbe Karte“ gezeigt. Sie sollen einmal tief durchatmen und versuchen, sich zu beruhigen. Ist dies geschehen kommen die Kontrahenten wieder zusammen und jeder erzählt aus seiner Sicht, was passiert ist.

Die dritte Stufe ist die „Lösungsphase“. Nach der Aussprache wird den Kindern die „Grüne Karte“ gezeigt. Nun wird eine Lösung gesucht, mit der alle Beteiligten zufrieden sind, z. B.:

- Reicht die Aussprache aus und die Kinder können miteinander weiterspielen?
- Gehen die Kontrahenten erst mal getrennte Wege und das ggf. angefangene Spiel wird weggeräumt?
- Wollen sich die Beteiligten die Hand reichen und sich wieder vertragen?
- Gibt es andere Lösungsvorschläge?

Sind die Kinder diesen Ablauf gewohnt, können sie ihre Streitigkeiten auch selbst nach diesem Schema regeln, wenn die Karten einmal nicht zur Hand sind.

Eine Hand

Ein Fingerspiel über unsere Finger und ihr Zusammenspiel, das jederzeit zum Einsatz kommen kann.

Alter: ab 3 Jahren
Material: ein Kugelschreiber oder Filzstift

Die pädagogische Fachkraft malt einen „Ring" um die Ringfinger der Kinder und auf jede Fingerkuppe ein Gesicht.

Ich bin der Big Boss, der Chef von euch allen.
Den Daumen zeigen und damit wackeln
Wenn ich etwas will, dann tut ihr mir den Gefallen.
Auf sich deuten

Nur ich zeig an, ob gut oder schlecht.
Daumen hoch und runter drehen
Und ich hab' sowieso immer Recht.
Ich bin viel größer, was willst du eigentlich?
Zeigefinger zeigen und damit wackeln
Ich kann auf alles zeigen und auf dich oder mich.
Auf andere und sich selbst zeigen
Und jeder weiß, wenn ich richtig sauer bin, dann halt ich meinen Finger hin.
Mit dem Zeigefinger „schimpfen"
Ich bin der Größte, macht mal die Augen auf.
Den Mittelfinger zeigen und damit wackeln
Ihr seid alle kleiner und schaut zu mir hinauf.
Hand an Stirn legen und hochsehen
Ich hab' den Überblick und zwar rund herum.
Umherschauen
Ihr seid doch alle nur klein und dumm.
Betreten runterschauen
Ich bin der Schönste im ganzen Land.
Den Ringfinger zeigen und damit wackeln
Ich trag als Einziger einen Ring an dieser Hand.
Auf den Ring deuten
Groß oder dick, das seid ihr, ja.
Hand hoch heben, dann Arme um den Bauch legen
Doch ich bin schön und kostbar.
Auf den Ring deuten
Im Gegensatz zu euch bin ich richtig klein.
Den kleinen Finger zeigen und damit wackeln
Es ist kein schönes Gefühl unter euch zu sein.
Langes Gesicht machen

Ihr fühlt euch jetzt alle richtig gut.
Habt ihr denn auch viel Mut?
Was meinst du denn damit?
Daumen hoch halten
Versteh ich nicht.
Zeigefinger hoch halten
Jetzt mach es nicht so spannend
Mittelfinger hoch halten
Komm schon, jetzt sprich!
Zeigefinger hoch halten
Machen wir einen Fingerabdruck hier an die Wand.
An eine Wand deuten
Was könnt ihr sehen? Eine ganze Hand!
Die ganze Hand zeigen
Mit ihr können wir halten, nehmen und geben
Nachbarn an Händen halten
und wenn wir uns fürchten, uns zusammenlegen.
Eine Faust machen
Klatschen, streicheln, kitzeln und vieles mehr,
Klatschen, streicheln, kitzeln
Spaß zusammen haben, ist doch gar nicht schwer.

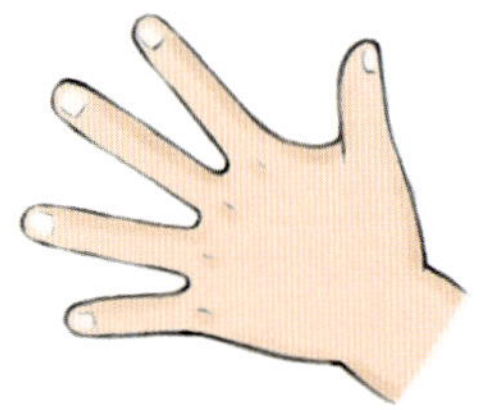

Anhang

Kopiervorlagen

Der kleine Angsthase

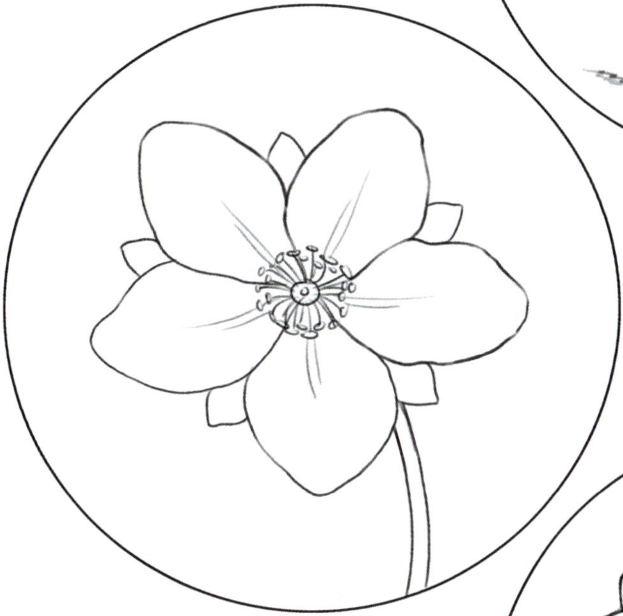

Gesprächsregeln

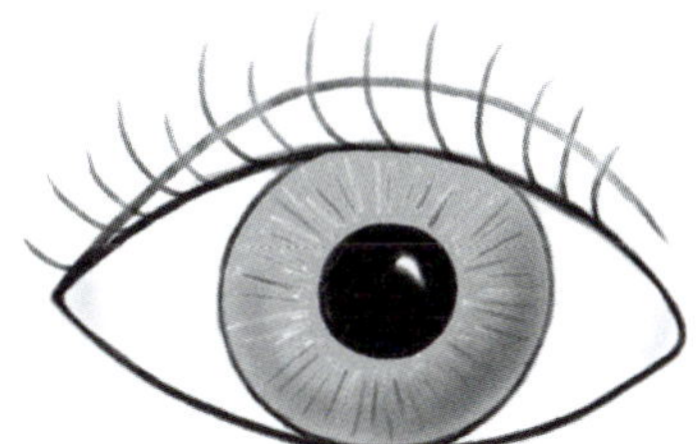
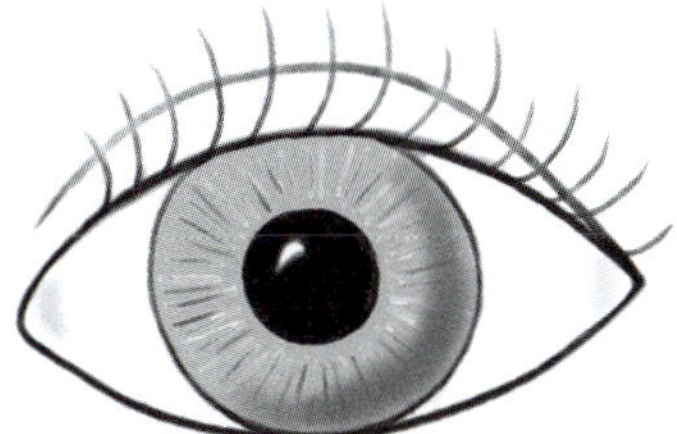

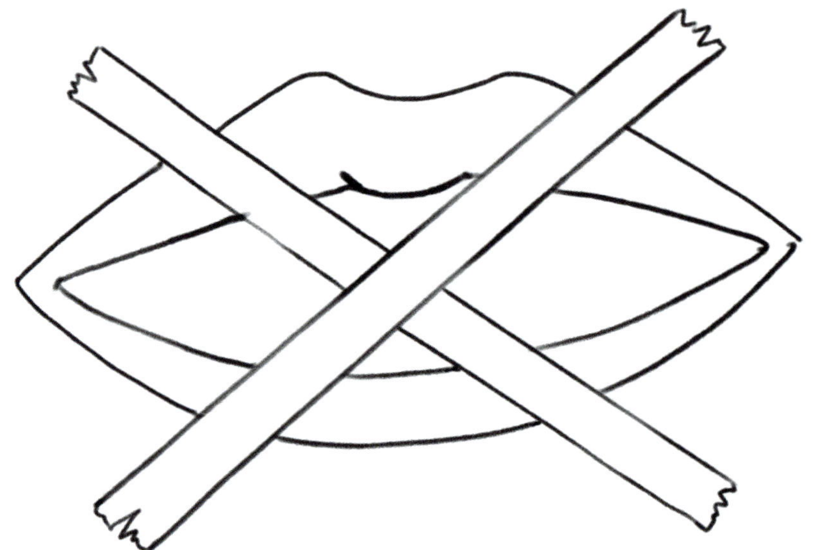

Rote Karte - Gelbe Karte - Grüne Karte

Literatur

Blank-Mathieu, Margarete: Kinderfreundschaft: Weshalb brauchen Kinder Freunde? 1999. Abrufbar unter https://www.kindergartenpaedagogik.de/1263.html (01.09.2018)

Damásio, António R.: Descartes' Irrtum – Fühlen, Denken und das menschliche Gehirn. List Taschenbuch Berlin 2004

Kasten, Hartmut: Entwicklung und Förderung von Empathie in der frühen Kindheit. Abrufbar unter https://www.erzieherin.de/files/paedagogischepraxis/kinderleicht_6_13.pdf (01.09.2018)

Bildnachweise
S. 58: pixabay.com
S. 67: Kathrin Marl

Die Autorinnen

Ulrike Blucha, Jahrgang 1955, ist Erzieherin und leitet eine integrative Kindertageseinrichtung mit angeschlossenem Familienzentrum. Außerdem ist sie Teamberaterin einer U3-Einrichtung und verfügt über eine Zusatzqualifikation als Fachkraft für vorschulische Sprachförderung. Sie veröffentlichte bereits bei verschiedenen Verlagen Fachbücher, Arbeitsmappen und Artikel im Bereich Elementarpädagogik. Ihre Arbeitsschwerpunkte sind Integration und Inklusion, Sprachförderung und Ökologische Bildung. Ulrike Blucha lebt in Herford.
Kontakt: u.blucha@gmx.net

Meggi Schuler, Jahrgang 1975, ist Erzieherin und Heilpädagogin und arbeitet in einem Schulkindergarten für Kinder mit erhöhtem Förderbedarf. Nebenbei ist sie als Autorin von pädagogischen Fachbüchern und Praxismaterialien tätig. Sie lebt in Ettenheim.
Kontakt: meggischuler@gmx.de

Die Illustratorin

Elisabeth Lottermoser, Jahrgang 1959, wurde in Detmold geboren. An der Fachhochschule für Gestaltung in Hamburg studierte sie Grafikdesign mit Fachrichtung Illustration.

Nach langjähriger Tätigkeit in einer Werbeagentur arbeitet sie seit 2000 als freiberufliche Illustratorin. Nebenher gibt sie an der Volkshochschule Töpferkurse für Kinder. Sie hat drei erwachsene Kinder und lebt inzwischen in Gütersloh.

Claudia Hohloch

ENTSPANNUNGSSPASS FÜR KINDER

Bewegungsorientierte Entspannung mit Elementen aus Yoga und Kinesiologie

ISBN 978-3-86702-398-6
(Ordner)

Immer größer werdender Bewegungsmangel und zunehmender Zeitdruck führen zu Unruhe und Unkonzentriertheit – mit direkten Auswirkungen auf den Alltag in Kinderbetreuung und Familie. Dieser Praxisordner liefert das passende Material zur bewegungsorientierten Entspannung. Durch vollständige und direkt einsetzbare Stundenbilder sind die Bewegungsabläufe für jeden leicht anzuleiten und umzusetzen. 64 Yoga- und Kinesiologiekarten vertiefen zusätzlich bereits gelernte Übungen. Zahlreiche Kopiervorlagen und Anleitungen runden das Angebot ab. So finden die Kinder zur inneren Ruhe und Ausgeglichenheit – und das mit viel Spaß und Freude am gemeinsamen Bewegen und Entspannen.